フロレスタ ファーマーズキッチン
CODOMOの
ネイチャーごはん

池尻彩子

CONTENTS

CODOMOの味をつくる自家製調味料 ——— 12

13 **ANTIPASTO** 前菜

トマトのごま和え ——— 14
青菜のオイル蒸し ——— 15
トマトのコンポートジュレ ——— 16
熟成インカのめざめとトレビスのコールスロー ——— 18
シャドークイーンのポテトサラダ ——— 19
鞍掛豆と長芋の梅かつお ——— 20
クレソンとごぼうのごま和え ——— 22
茄子と茄子のとも和え ——— 23
山にんじんとにんじんのキャロットラペ ——— 24
梅花藻ときゅうりの翡翠サラダ ——— 25
あやめ蕪とコリンキーの秋サラダ ——— 26
ブラウンマッシュルームのシングルオリジン ——— 27
ふっくら大根のくるみ味噌 ——— 28
ロマネスコのミルクグラタン ——— 30
里芋のスローベイクド ——— 31
鶴姫豆腐の揚げ出し ——— 32
野蒜と安納芋のタルティーヌ ——— 33

37 **SOUP** スープ

ソガイさんのガスパチョ ——— 38
万次郎かぼちゃのポタージュ ——— 39
ノーザンルビーのヴィシソワーズ ——— 40
かぶのポタージュ ——— 41

43 **PASTA** パスタ

フキノトウのグリーンパスタ ——— 44
ポモドーロ ——— 46
ジェノベーゼ ——— 47
クレソンのオイルパスタ ——— 48
ブラウンマッシュルームのミルクパスタ ——— 49
たび海老のクリームパスタ ——— 50

53 **MAIN DISH** 主菜

えびらふじのピッツァ ——— 54
土佐あかうしとソガイさんのポテトコロッケ ——— 56
四万十鶏の唐揚げ ——— 57
土佐あかうしのハンバーガー ——— 58
土佐あかうしのカレー ——— 59

63 **STAUB** ストウブでおもてなし

ローストポーク ——— 64
イサキのアクアパッツァ ——— 66
アッシュ・パルマンティエ ——— 68
クレソンと猪肉のすき焼き ——— 70
つくしとせりの泡玉 ——— 71

DESSERT デザート

- キタノカオリT110のドーナツ ——— 76
- 女王蜂 響のはちみつロールケーキ ——— 78
- 河野先輩の小麦のパンケーキ ——— 80
- ソガイさんの小豆と黒米のぜんざい ——— 81
- 塩二郎の塩キャラメルのミルクアイスクリーム ——— 82
- 河野先輩の生姜を使ったジンジャーエール ——— 83
- 酵素シロップ5種 ——— 84

codomo's food trip

- 菱六 ——— 34
- シゼントトモニイキルコト ——— 36
- 秀明ナチュラルファーム北海道 ——— 42
- によどマッシュルーム生産組合 ——— 52
- 高知の恵み ——— 62
- やまの会 ——— 74
- 田野屋塩二郎 ——— 86
- 河野先輩 ——— 88

ジョンさんと考えるニホンの食卓、コドモの未来 ——— 89
CODOMOのお店紹介 ——— 96

◎この本のルール
※本レシピで記載する大さじ、小さじの細かい分量は以下の表を参照ください。

調味料	大さじ1	小さじ1	その他
塩（塩二郎）	15g	5g	ひとつまみ 1g
塩麹	20g	6g	
きび糖	12g	4g	
グラニュー糖	15g	5g	
醤油	20g	7g	
酒	15g	5g	
みりん	18g	6g	1カップ 220g
酢	15g	5g	1カップ 200g
味噌	20g	7g	
昆布水	15g	5g	1カップ 200g
米油	13g	4g	1カップ 170g
オリーブオイル	13g	4g	1カップ 170g
ごま	10g	3g	
生姜シロップのガラ	20g	7g	

※醤油は濃口を使用しています。
※CODOMOで使用するにんにくは基本的に、ゆでこぼしたものです。にんにくを水からゆで、沸騰したらお湯を捨てることを繰り返すこと3回。ゆでこぼすことでにんにく特有の臭みが消え、料理にコクを与えます。
※ストウブはフランス製のホーロー鍋。CODOMOでは煮込み料理に必ずストウブを使います。重い蓋がおいしさの秘密。じっくり火を入れることによって、素材の水分や旨みを逃さずに、しっとり仕上げることができるのです。

［フロレスタ］の
ネイチャードーナツが持つ、
シンプルで強いメッセージ

　「子どもたちに、おいしくて安心して食べさせられるおやつを作りたい」。奈良の前田利安・由理子夫妻のそんな思いから、2002年に誕生したのが［フロレスタ］のネイチャードーナツです。そのおいしさとやさしさはやがて多くの人に支持され、移動販売からスタートしたお店は今では全国に広がっています。

　［フロレスタ］の商品開発にも携わっていた私は、このネイチャードーナツが持つ、シンプルで強いメッセージにとても共感していました。

　当時は空前のスイーツブームでしたが、パティシエールの私は、家族や大切な人に心の底から食べてほしいと思えるお菓子が少なくなっていると感じていました。それはごはんも同様で、食べることが大好きで街の食堂から敷居の高いレストランまでさまざまな料理を食べましたが、私が本当においしいと感じたものは、もっともっとシンプルで身近なところにあるものでした。

　ネイチャードーナツの持つメッセージは、私の中で"ネイチャーフード"を考える大きなきっかけとなったのです。

まずは素材選びから。
CODOMOが考える
"ネイチャーフード"

　2013年にオープンした[ファーマーズキッチンCODOMO]は、[フロレスタ]の前田夫妻の思いを受け継いだレストランです。

　人間にとっていちばん大切なのは"食べること"。安全で楽しい食文化を、私たちの未来そのものである子どもたちに伝えたい…その思いからお店は「コドモ」と名付けられました。

　私はCODOMOのレシピの開発にあたり、自分が心の底からおいしいと感じる素材を一つ一つ探すことから始めました。現地を訪れ生産者に会い、自分の目で確かめ、味わい、そして何かを感じとることで、素材と生産者に対しての理解と愛着を深めます。徐々にですが、野菜、肉、魚、塩など、素材のほとんどが仲介業者を通さず直接厨房に届くようになりました。マヨネーズやドレッシングなど、使用する調味料も厨房で手作りするため、すべてのものに添加物が入り込む余地はほとんどありません。「右手には生産者、左手にはお客さま」。この関係性こそがもっとも大切だと考えています。

　素材を深く理解し、自然なおいしさを味わっていただくことが、"ネイチャーフード"の本質だと思っています。

シェフの姿勢に学んだ
お菓子作りのセンスを
"ごはん"に置き換えて

　人生には後からでなければ分からないような転機があります。小さい頃から甘いお菓子が大好きだった私は、神戸の洋菓子店[ダニエル]で修業した後、お菓子の新商品の開発などを手がけていたのですが、お菓子の世界で生きてきた私に、ある日思いもよらない依頼がきたのです。「ごはんを作ってほしい」。私の人生は、お菓子の道から"ごはん"へと迷うことなく急展開しました。なぜならお菓子と同様にごはんを食べることも大好きだったからです。

　CODOMOの料理には、決まった調理法はありません。それは修業時代に私が[ダニエル]の中村道彦シェフから学んだことでした。素材と向き合うこと。型にはめず、まずはやってみて自分の尺度で納得のいくまで変えていく。今思い返せば、シェフから影響を受けたのは、お菓子作りの技術はもちろんですが、未知のものに対して妥協することなく徹底的に作る姿勢だったのかもしれません。中村シェフの元で知らず知らずのうちに身に付いていた、素材に対する判断力と分解能。そしてクリエイション。それが自分の手の中にあったことを知った瞬間、ごはんを作りたいという強い思いと自信が自分の中に満ちあふれてきたのです。

CODOMOが目指すのは
ファミリーレストラン

　CODOMOのレシピ作りは、固定観念を持たずに素材と向き合い、まずは食べてみることから始めます。良い素材であれば、調理は最低限の手段で充分。そして自分たちのDNAのなかの"センス・オブ・ワンダー"を呼び覚ましながら、納得がいくまで試作と試食を繰り返します。

　お店で出す料理は、旬をとても大切にしています。なぜなら、"ネイチャーフード"とは、自然のサイクルと向き合い、おいしさを伝える方法だと考えているからです。お客様にとっては旬の山菜や、高知や北海道などの遠方から届く食材など、初めて食べられるものもあります。私たちの遠い祖先もそのようにいろいろなものを食べてきたのかもしれません。最近はお客様にレシピを尋ねられることも多くなり、私なりにもう一度素材に向き合うためにあらためて生産者を訪ね、この本にまとめました。

　「大切な家族と一緒に食べたいごはん」だから、CODOMOは"ファミリーレストラン"でなければならないと思っています。誰もが毎日安心して食べられるものの中にこそ、子どもたちに伝えなければならない本当の食文化があるはずです。

　それを探すことは、大人にとって大きな責任なのです。

CODOMOの味をつくる自家製調味料

"ネイチャーフード"の基本になる調味料は5つ。素材の力をしっかり引き出す頼れる名脇役。アレンジ次第で使い方の幅が広がります。

昆布水

味噌汁やポタージュなどの汁物をはじめ、CODOMOでは和洋問わず様々な料理で使う出汁的存在。昆布水だけで旨みを引き出すことができる万能調味料です。

材料（作りやすい分量）
水 ……… 10カップ（2ℓ）
銭亀沢産の真昆布 ……… 10g
羅臼昆布の耳 ……… 10g

作り方
1 真昆布は細くカットし、羅臼昆布はそのままで2ℓの水に浸ける。最低1日は浸けておく。

point
● 水のままで火を加えず、じんわり時間をかけて昆布の表面からではなく断面から旨みを引き出します。

塩麹

［田野屋塩二郎］（P86）の塩と乾燥米麹でつくる、なめらかな仕上がりの塩麹。粒子が細かい方がより旨みが増すことを、［菱六］（P34）で教えてもらいました。

材料（作りやすい分量）
乾燥米麹 ……… 500g
塩 ……… 170g
40℃のお湯 ……… 5カップ（1ℓ）

作り方
1 大きめのボウルに乾燥米麹と塩を入れ、麹が割れるぐらい強く握ってよく混ぜ合わせ、塩切り麹にする。

2 1を約10分そのまま置く。
3 2の塩切り麹に40℃のお湯を加え、約1時間常温で置く。
4 3の麹を潰すような感覚で両手ですり合わせて、粘りを出していく。
5 よくすり合わせた4を保存容器に移し、涼しい場所へ置き、1日1回清潔な手でかき混ぜる。
6 7〜10日ほどで出来上がり。少し粒が残っているので、ハンドブレンダーでなめらかな状態にする。

point
● 塩切り麹とは、仕込みに用いる塩をあらかじめ混ぜ合わせること。麹菌の活動をおさえて、発熱を防ぐため、保存性が増します。

マヨネーズ

全卵を使った軽いタイプのマヨネーズ。酸味がマイルドな仕上がりなので、素材の味をこわさずに優しくまとめてくれます。

材料（作りやすい分量）
全卵 ……… 1個分
りんご酢 ……… 大さじ1
オリーブオイル ……… 大さじ2強
米油 ……… 3/4カップ
塩 ……… 2g
白コショウ ……… 0.5g

作り方
1 すべての材料をハンドブレンダーでしっかりと乳化させ、もったりとしたら出来上がり。

めんつゆ

しっかり和の味に仕上げたい時に使います。色をあまり付けたくないので、醤油は控えて塩を足しています。ベースには昆布水を使用。

材料（作りやすい分量）
昆布水 ……… 3カップ
みりん ……… 1/2カップ
かつお節 ……… 15g
塩 ……… 小さじ2弱
醤油 ……… 小さじ1弱

作り方
1 みりんは煮切っておく。
2 昆布水を入れた鍋を火にかけて85℃まで温度を上げ、1、塩、醤油を加える。
3 火を止めて、かつお節を加える。
4 3のかつお節が沈んだら、漉し器やふきんなどでゆっくりと漉す。

酵素ドレッシング

柑橘系の酵素シロップのガラを入れることで、特有のツンとしたカドが取れまろやかに。食物繊維が豊富で消化吸収を助ける働きも。

材料（作りやすい分量）
りんご酢 ……… 大さじ5
オリーブオイル ……… 1と1/4カップ
塩 ……… 大さじ1
黒コショウ ……… 適量
たまねぎのピューレ ……… 100g
柑橘系の酵素シロップのガラ ……… 140g

作り方
1 すべての材料をフードプロセッサーで混ぜ合わせる。

たまねぎのピューレ

材料（作りやすい分量）
たまねぎ ……… 中1/3個（約80g）
オリーブオイル ……… 大さじ3弱

作り方
1 たまねぎはざっくり切る。
2 1とオリーブオイルをハンドブレンダーでピューレ状にする。

柑橘系の酵素シロップのガラ

材料（作りやすい分量）
柑橘系の酵素シロップを作ったときに残った皮 ……… 140g

作り方
1 フードプロセッサーにかけて細かくする。

point
● 柑橘系の酵素シロップのガラは保存しておくと、いろんな料理やお菓子作りに活用できます。

ANTIPASTO
前菜

トマトのごま和え

煎り、すり、練りという3種類の白ごまを使うことで、味に深みをアップさせました。
塩麹で旨みが増したトマトと香ばしいごまの意外な相性を味わって。

材料(2人分)
ミニトマト …… 15個(約300g)

和え衣
- 白ごま ……… 大さじ1と1/2
- 塩麹(P12)……… 小さじ1
- 砂糖 ……… 小さじ1
- 酒 ……… 小さじ1/2
- 塩 ……… 少々
- オリーブオイル ……… 小さじ1と1/2
- 練りごま ……… 小さじ1/2

作り方
1. ミニトマトは半分に切る。
2. 白ごまの半量を粒が残る程度にすりごまにする。
3. ボウルに和え衣の材料をすべて合わせて、1を和える。

arrangement
- 普通サイズのトマトを使う場合はひと口サイズにカットすること。

青菜のオイル蒸し

旬の青菜をおいしく食べるための定番メニューです。決め手は自家製の塩麹オイル。低温でじっくり蒸して野菜の旨みを引き出します。いろんな野菜に応用でき、たっぷり食べられるのもうれしい。

材料(2人分)

小松菜 ……… 1/4束(約50g)
ブロッコリー ……… 中1/4個(約90g)
かぶの葉 ……… 中1個分(約50g)
塩麹オイル ……… 大さじ1と1/2
オリーブオイル ……… 大さじ1
塩 ……… 適量

塩麹オイル(作りやすい分量)
- ゆでこぼしにんにく ……… 1片
- 塩麹(P12) ……… 大さじ3
- オリーブオイル ……… 1カップ

作り方

1 塩麹オイルを作る。ストウブにみじん切りしたゆでこぼしにんにくと塩麹、オリーブオイルを入れて弱火にかけ、にんにくの香りが出るまでじっくりと火を入れる。
2 ブロッコリーは小房に分け、小松菜とかぶの葉は5cm幅に切る。
3 鍋に1%の塩水(分量外)を沸騰させ、2の野菜を色が鮮やかに変わるぐらいにさっと下ゆでし、ざるに上げて冷ましておく。
4 鍋に3の野菜、1の塩麹オイル、オリーブオイルを回しかけてから、弱火でじっくりと蒸し煮にする。
5 塩で味をととのえる。

point
● 塩麹オイルは約1カ月間、冷蔵で保存可能。

arrangement
● 菜の花、キャベツ、チンゲン菜など葉や茎がしっかりした青菜がおすすめ。特にキャベツは甘みがぐんと引き出します。

トマトのコンポートジュレ

旨酢でマリネにしたトマトと、その旨みがぎゅっと詰まったコンポート液を、喉ごしの良いジュレにして和えました。
見た目に反して、昆布水や醤油を使った和食のようなトマト料理です。

材料(2人分)
ミニトマト ……… 10個(約200g)
ミント(飾り用) ……… 適量

コンポート液
- 昆布水(P12) ……… 3/4カップ
- みりん ……… 1/4カップ
- 塩 ……… 小さじ1
- 醤油 ……… 小さじ1/4弱
- 花かつお ……… ひとつかみ(6g)
- グラニュー糖 ……… 大さじ4強
- 米酢 ……… 1/2カップ

ジュレ
- アガー ……… コンポート液の4%
- グラニュー糖 ……… アガーと同量

作り方
1. ミニトマトは湯むきしておく。
2. コンポート液を作る。鍋に昆布水、みりん、塩、醤油を入れてひと煮立ちさせ、花かつおを入れて火を止める。
3. **2**の花かつおを漉し、グラニュー糖と米酢を加えてひと煮立ちさせる。
4. 熱い状態のコンポート液に**1**を入れてひと晩浸ける。
5. **4**のトマトを取り出し、コンポート液でジュレを作る。液を量り、その4%量のアガーと、アガーと同量のグラニュー糖を加えてよくすり合わせる。
6. コンポート液を入れた鍋を火にかけ、85℃まで温度を上げる。コンポート液の一部を取り出して**5**を溶かし、すべて溶けたら再び鍋に戻す。
7. ダマを作らないようかき混ぜ、全体がしっかり溶けたら鍋を氷水に当てて冷やし、固まれば、スプーンなどでざっくりと崩してジュレ状にする。
8. ジュレとトマトを共に冷やし、食べる直前に和える。

point
- アガーは海藻からできたゲル化剤で、製菓材料店などで手に入ります。使い方が難しいかもしれませんが、慣れると簡単。ジュレはお菓子だけでなく、料理でも活躍します。

熟成インカのめざめとトレビスのコールスロー

赤紫色がきれいなトレビスは単品だと苦みが強いので、インカのめざめの甘みをプラスしてコールスローに。
自家製マヨネーズに隠し味としてアンチョビやケイパーを混ぜて、香り豊かに仕上げました。

材料(2人分)

インカのめざめ(熟成)
……… 中2個(約200g)
トレビス ……… 1/2株(約130g)

アンチョビソース
- アンチョビ ……… 4枚
- ケイパー ……… 10粒
- アーモンドプードル ……… 大さじ3
- ゆでこぼしにんにく ……… 1/4片
- マヨネーズ(P12) ……… 大さじ6
- コラトゥーラ(魚醤) ……… 小さじ2
- レモン果汁 ……… 小さじ1
- 黒コショウ ……… 適量

作り方

1 インカのめざめを2%の塩水(分量外)で皮付きのまま丸ごとゆで、1cmの細切りにする。
2 トレビスは1cmの細切りにし、洗って水気を切っておく。
3 アンチョビ、ケイパー、ゆでこぼしにんにくはペースト状になるまで刻む。
4 アーモンドプードルを薄く色づくまでフライパンで乾煎りする。
5 アンチョビソースの残りの材料と**3**と**4**を混ぜ合わせる。
6 **1**と**2**を**5**のソースで和える。

シャドークイーンのポテトサラダ

　北海道・森浦農場のシャドークイーンは、雪室貯蔵庫での保管により糖度が増した甘い紫色のじゃがいもです。抗酸化作用を持つアントシアニンが豊富で、加熱しても鮮やかなまま。たまねぎとマヨネーズでシンプルにいただきます。

材料(2人分)

シャドークイーン
……… 中3個(約300g)
たまねぎ ……… 中1/8個(約30g)
マヨネーズ(P12) ……… 大さじ4
塩 ……… 適量
白コショウ ……… 適量

作り方

1　シャドークイーンは皮をむかずに、ひとくち大に切り、1.5%の塩水(分量外)でゆで、水分を飛ばして粉ふきいもにする。
2　たまねぎはみじん切りにしてから水にさらし、水気をよく切る。
3　ボウルに**1**、**2**、マヨネーズを入れて全体を和え、塩と白コショウで味をととのえる。

鞍掛豆と長芋の梅かつお
くらかけまめ

鞍掛豆は馬具の鞍に見えることから名付けられた青大豆の一種。だし漬けにして食感が異なる長芋と和えました。
鮮やかな見た目に反して、梅と醤油の風味が効いたほっとする味わいです。

材料(2人分)
鞍掛豆のだし漬け ……… 60g
梅かつお ……… 適量
長芋 ……… 120g

鞍掛豆のだし漬け(作りやすい分量)
- 鞍掛豆 ……… 150g
- 酒 ……… 1/2カップ
- みりん ……… 大さじ1強
- 昆布水(P12) ……… 1と1/4カップ
- 塩麹(P12) ……… 大さじ1強
- 塩 ……… 小さじ1と1/2

梅かつお(作りやすい分量)
- 梅干し ……… 280g(種を取った分量)
- 赤しそ(梅干しと一緒に浸かったもの) ……… 15g
- 花かつお ……… 50g
- 酒 ……… 大さじ1と1/2
- みりん ……… 大さじ4
- 塩麹(P12) ……… 大さじ1
- グラニュー糖 ……… 大さじ5と1/2
- 醤油 ……… 小さじ2
- はちみつ ……… 大さじ6

作り方

鞍掛豆のだし漬けを作る
1. 鞍掛豆は1日かけてたっぷりの水で戻しておく。
2. 酒とみりんは共に煮切ってアルコール分を飛ばしておく。
3. ボウルに**2**と昆布水、塩麹、塩を混ぜてだしを作る。
4. 鍋に**1**の戻した豆とたっぷりの水を入れ、アクを取りながらやわらかくなるまで中火で、湯の中で豆がおどるように40分〜1時間ほどゆでる。豆が煮えたらお湯を切る。
5. 小鍋で熱した**3**のだしをかけ、ひと晩漬けておく。

梅かつおを作る
6. 梅干しは種を取り、種の周りの果肉もきれいにこそげ取る。
7. 酒とみりんは共に煮切らない程度にさっと沸かす。
8. **6**と赤しそをフードプロセッサーでなめらかになるまで混ぜる。
9. **8**に花かつおを2回に分け、残りの調味料はまとめて加えて、フードプロセッサーにかける。

長芋の梅酢漬けを作る
10. 長芋は皮をむき、1cmの角切りにする。水に浸けて少しさらしてから水気をよく切る。
11. **10**を梅酢(分量外)にひと晩漬けておく。
12. **11**の長芋の上に**5**の鞍掛豆のだし漬けを盛り、最後に**9**の梅かつおを添える。

point
- 鞍掛豆をだしに漬ける時、温度が違うと豆がシワシワになってしまうので注意。
- 梅干しはやわらかいタイプがおすすめ。梅干しの塩加減によって調味料の分量は調整を。

クレソンとごぼうのごま和え

兵庫・新温泉町から届く自生のクレソンは香りが抜群。苦みや辛みは強くなく、ごぼうの少し土臭い風味と好相性。
サラダ感覚でぱくぱく食べられるごま和えは、噛みしめるほどに大地の味が口の中に広がるよう。……**春・秋**

材料(2人分)

クレソン ……… 約30g
ごぼう ……… 1/2本（約140g）

和え衣

黒ごま ……… 大さじ2
グラニュー糖 ……… 小さじ2
塩麹(P12) ……… 小さじ1と1/2
オリーブオイル ……… 小さじ2強
醤油 ……… 大さじ1と1/2

作り方

1 クレソンは洗って4cm幅に切る。
2 ごぼうは洗って泥を落とし（皮もおいしいのでこそげない）2mm程度の斜め切りにし、1%の塩水（分量外）で2分間下ゆでし、冷ましておく。
3 黒ごまは粒が半分ぐらい残る程度にすりおろしておく。
4 ボウルに**3**と残りの和え衣の材料を入れてよく混ぜ、**1**と**2**を和える。

point
● ごぼうは熱いまま和えるとクレソンがしなってしまうので、冷めてから和えること。

arrangement
● クレソンがない場合は菊菜でも代用できます。

茄子と茄子のとも和え

なすを焼いて生姜と醤油ベースでソースにしたものを、揚げなすと和えた、とも和え。焼きなす独特の香りと生姜のガラのやさしい甘さがよく合います。できたてはもちろん、冷めてもおいしい一品。……… **夏〜秋**

材料（作りやすい分量）
なす ……… 3本（約300g）
焼きなすソース ……… 100g

焼きなすソース（作りやすい分量）
- なす ……… 6本（約600g）
  - 塩 ……… 適量
  - 米酢 ……… 大さじ1
  - ジンジャーシロップのガラ（P83）
    ……… 150g
  - オリーブオイル ……… 大さじ8
  - 塩麹（P12）……… 大さじ2
  - 醤油 ……… 大さじ4

作り方
1. 焼きなすソースを作る。天板にオーブンシートを敷き、竹串などで数カ所に穴を開けたなすを並べ、少量のオリーブオイル（分量外）をまぶして200℃のオーブンで約30分焼く。
2. 1をバットに移す。ラップフィルムをかけて蒸らし、常温でゆっくりと冷ましてから皮をむく。
3. 2を包丁などで細かく刻み叩き、やや食感が残るくらいのペースト状にする。ボウルで残りのソースの材料と合わせてなじませ、ソースの完成。
4. 生のなすはひと口大にカットしてから、170℃の油（分量外）で素揚げする。
5. 4が熱いうちに3の焼きなすソースと和える。

arrangement
- 焼きなすソースはズッキーニやパプリカの素揚げとも好相性。冷奴やごはんにかけてもおいしい万能ソースです。

山にんじんとにんじんのキャロットラペ

フレンチの定番サラダ、キャロットラペ。山にんじんは、葉は生のまま、茎と根はオイルコンフィに使用。
やや苦みがあるので、ドレッシングには柑橘類で甘みをプラスしました。………**春**

材料（作りやすい分量）

山にんじん ……… 1本（約100g）
にんじん ……… 中2本（約300g）
オリーブオイル ……… 適量
酵素ドレッシング（P12）
……… 1/2カップ
はちみつ ……… 小さじ1と1/2
塩 ……… ひとつまみ
柑橘類の果肉 ……… 100g

作り方

1 山にんじんをきれいに洗い、やわらかい葉の部分と、茎、根の部分にそれぞれ分ける。茎は4cm幅にカット、根は薄くスライスする。
2 ストウブに1の茎と根を入れて、ひたひたになるまでオリーブオイルを回しかけ、弱火にかける。根の部分がくたっとなり火が通れば、オイルごと冷ます。
4 にんじんはピーラーで縦に細長く薄くスライスして、水に浸けておく。
5 4の水気をしっかり切り、酵素ドレッシング、はちみつ、2のオイルコンフィを加え、塩で味をととのえる。
6 器に柑橘類の果肉、その上に5、仕上げに1で残しておいた山にんじんの葉を手でちぎってふんわりと盛る。

梅花藻ときゅうりの翡翠サラダ

梅に似た白い可憐な花を咲かせる水中花、梅花藻をきゅうりと和えてサラダ仕立てに。
翡翠ダレは酢の物のようにサッパリとした味わい。糸寒天の食感がアクセントです。……初夏

材料(作りやすい分量)

梅花藻 ……… 約100g
きゅうり ……… 中2本(約200g)
乾燥糸寒天 ……… 6g
翡翠ダレ ……… 1/2カップ

翡翠ダレ(作りやすい分量)
- 白ごま ……… 大さじ1強
- ごま油 ……… 大さじ2強
- 塩麹(P12) ……… 大さじ4
- 米酢 ……… 小さじ4
- 紹興酒 ……… 小さじ2
- 柑橘系の酵素シロップのガラ(P12)
  ……… 大さじ2強
- レモン果汁 ……… 1/2個分
- レモンの皮千切り ……… 5g

作り方

1 翡翠ダレの材料はすべて混ぜ合わせておく。
2 糸寒天は水に20分ほど浸して戻し、食べやすい長さに切る。
3 梅花藻はよく洗い、さっとゆでて冷水に取り、食べやすい長さに切る。
4 きゅうりは縦半分に切り、種を取って斜めに薄くスライスする。
5 すべての材料を、1の翡翠ダレで和える。

arrangement
● 翡翠ダレは、オクラとわかめ、セロリなどを和えてもおいしいです。

あやめ蕪とコリンキーの秋サラダ

コリンキーとは生でも皮ごと食べられるカボチャのこと。味付けは柿のピューレと塩麹とオリーブオイルのみ。
柿のやさしい甘みとあやめかぶの葉っぱの苦みがアクセントに。………秋

材料(2人分)
あやめかぶ(小かぶ)
……… 中3個(約60g)※葉も使用
コリンキー ……… 1/8個(約60g)
完熟の柿 ……… 約1/4個(約30g)
オリーブオイル ……… 大さじ1
塩麹(P12) ……… 小さじ1

作り方
1. コリンキーは種とわたをくりぬき、0.5mmの極薄切りに、かぶの葉は5mmの小口切りにする。
2. 1を約3%の塩(分量外)で塩もみし、水気をしっかり切る。
3. 完熟の柿は包丁でたたいてピューレ状にする。
4. あやめかぶは5mm幅のくし切りにする。
5. 2と4をボウルで混ぜ合わせ、オリーブオイル、塩麹を加えて手で軽くもみ込むように和える。
6. 最後に3の柿のピューレを加え、全体をしっかり混ぜ合わせる。

arrangement
- コリンキーは硬めの柿でも代用できます。
- 完熟の柿の代わりにマンゴーでもおいしく仕上がります。

ブラウンマッシュルームのシングルオリジン

単一素材を上質なオリーブオイルと塩麹で和えるだけのCODOMOの定番メニューです。
仁淀川のブラウンマッシュルーム(P52)は香り豊かで、生で食べるのとはまた違った食感が楽しめます。

材料(2人分)
ブラウンマッシュルーム
……… 10個(約80g)
オリーブオイル ……… 大さじ2
塩麹(P12) ……… 大さじ1/2

作り方
1　ブラウンマッシュルームは食べやすい大きさにスライスする。
2　オリーブオイルと塩麹をボウルでよく混ぜておく。
3　1を2でさっと和える。

point
●色が変色してしまうので、食べる直前に和えること。

arrangement
●お店では、トマト、アスパラガス、スナップエンドウも旬の時期にシングルオリジンで登場。

ふっくら大根のくるみ味噌

寒くなるにつれて甘くなる大根は、旨みたっぷりの昆布水を含ませてストウブでじっくり炊きます。
ジョンさん(P89)の手づくり味噌に、くるみとジンジャーシロップのガラでコクを出した味噌を添えて。………**冬**

材料(作りやすい分量)
大根 ……… 1本(約1kg)
昆布水(P12)
……… 7と1/2カップ(1.5ℓ)
花かつお ……… 15g
みりん ……… 大さじ2と1/2
塩 ……… 小さじ1と1/4
くるみ味噌 ……… 適量

くるみ味噌(作りやすい分量)
┌ くるみ(ロースト) ……… 40g
│ 赤味噌 ……… 120g
│ 白味噌 ……… 40g
│ 醤油 ……… 大さじ1
│ 酒 ……… 小さじ1
│ みりん ……… 大さじ1
│ 昆布水(P12) ……… 大さじ3強
│ ジンジャーシロップ(P83)のガラ
│ ……… 大さじ2
└ きび砂糖 ……… 大さじ2

作り方

1. くるみ味噌を作る。ローストしたくるみを、すり鉢でしっとりするまですり潰して香りを出す。
2. 鍋にくるみ以外の材料をすべて入れ、弱火にかけて軽く煮つめながら、照りが出るまで練り合わせる。
3. **2**を**1**のすり鉢に入れ、全体を混ぜ合わせて、くるみ味噌の完成。
4. 大根は厚さ5〜6cmの輪切りにし、皮を厚めにむいて面取りする。火の通りを良くし、味がしみやすいように両面に隠し包丁を入れる。
5. ストウブに**4**の大根がかぶるぐらいの水を入れ、竹串がすっと通るぐらいに下ゆでする。そのままゆっくりと冷まし、味をなじませる。
6. 別の鍋に昆布水を沸騰させ、花かつおを入れてだしを作る。
7. ストウブに**6**、みりん、塩を加え、下ゆでした**5**の大根を入れて30分弱火で煮た後、蓋をしてそのままゆっくりと冷ます。
8. 食べる前に温め、**3**のくるみ味噌を添える。

point
● 大根は煮汁の中で冷ますことでしっかり味がしみ込みます。冷ます時はひと晩寝かせるとよりおいしくなります。

arrangement
● ジンジャーシロップのガラの代わりに生姜のすりおろしを使う場合は半量弱の分量に。

ロマネスコのミルクグラタン

螺旋状の模様が美しいロマネスコはカリフラワーの一種。独特の食感を活かすために単体でグラタンにしました。バターや小麦粉は使わず、とろみはコーンスターチで、甘みは炒めたたまねぎで。牛乳のコクが引き立ちます。………**秋〜冬**

材料(4人分)

- ロマネスコ ……… 中1個(約450g)
- たまねぎ ……… 中3/4個(約170g)
- パンチェッタ ……… 70g
- 生クリーム(脂肪分42%) ……… 1と1/2カップ
- 牛乳 ……… 1と1/2カップ
- コーンスターチ ……… 大さじ2と1/2
- 塩 ……… 小さじ1
- 白コショウ ……… 適量
- オリーブオイル ……… 大さじ2
- パルミジャーノ レッジャーノ …… 適量
- シュレットチーズ ……… 適量

作り方

1. ロマネスコはひと口大にカットし、1%の塩水(分量外)で下ゆでしておく。
2. たまねぎとパンチェッタは1cmほどの角切りにしておく。
3. ストウブにオリーブオイルを熱し、**2**のたまねぎを炒め、透き通ったらパンチェッタを加えてさらに炒める。
4. パンチェッタから脂が出たらコーンスターチを加え、鍋底からしっかりこそげるように混ぜながら炒める。
5. 別の鍋で生クリームと牛乳を合わせて温める。
6. **4**に**5**を少しずつ加え、ダマにならないようにしっかり混ぜ合わせる。
7. とろみがついたら**1**を入れ、塩と白コショウで味をととのえる。
8. グラタン皿に盛り、すりおろしたパルミジャーノとシュレットチーズをかけて、200℃のオーブンで焼き色がつくまで焼く。

里芋のスローベイクド

スローベイクドとは野菜まるまま、低温のオーブンでじっくり火を入れる料理。旨み凝縮、野菜の甘みも際立ちます。ジョンさんから届いた里芋は皮ごと使用。味付けは塩二郎の塩だけで充分です。

材料(2人分)

里芋 ……… 6個(約300g)
オリーブオイル ……… 適量
塩 ……… 適量

作り方

1 里芋は皮をよく洗って水気を切っておく。
2 1にオリーブオイルをからめ、160℃のオーブンで約40分焼く。
3 お好みで塩をふる。

arrangement
- れんこん、さつまいも、じゃがいも、にんじん、たまねぎなど根菜類、ねぎがおすすめ。オーブンや野菜の大きさによって焼成時間は異なります。

鶴姫豆腐の揚げ出し

富樫さん(P42)の鶴姫豆腐は大豆の風味がしっかり。めんつゆあんでシンプルな揚げ出し豆腐で味わいます。絹ごしですが、硬めなので水切りは不要。甘みのある赤大根おろしでほんのりした色も添えて。

材料(2人分)
豆腐 ……… 1丁
赤大根 ……… 適量
めんつゆ(P12) ……… 1カップ
コーンスターチ ……… 適量
水溶き片栗粉 ……… 適量

作り方
1 豆腐は食べやすい大きさに切り、コーンスターチをまぶして170℃の油(分量外)で周りがカリッとなるまで揚げる。
2 赤大根で大根おろしを作る。
3 めんつゆを鍋に入れて温め、水溶き片栗粉でとろみをつけてあんにする。
4 1に3のめんつゆあんをかけ、2の赤大根おろしを丸めてのせる。

野蒜と安納芋のタルティーヌ

ネギのような香りをもつ野蒜と、糖度の高い安納いもを、バゲットにのせてタルティーヌに。
味のイメージはさつまいもとねぎの炊き合わせですが、アレンジすることで山菜もイメージチェンジ。………春

材料(2人分)

- 安納いもの焼きいも ……… 小2個(約200g)
- 野蒜 ……… 1束(約60g)
- カンパーニュ(1cm幅のスライス) … 4枚
- バター(無塩) ……… 28g
- ゆず味噌 ……… 20g
- ローストアーモンド ……… 6g

ゆず味噌(作りやすい分量)
- 白味噌 ……… 350g
- 酒 ……… 大さじ3強
- みりん ……… 大さじ1と1/2弱
- はちみつ ……… 大さじ1
- ゆず酢(またはゆず果汁) … 大さじ1
- ゆずの皮のすりおろし ……… 適量

作り方

1 ゆず味噌を作る。小鍋で酒とみりんを煮切り、はちみつを加える。
2 ボウルに白味噌、1、ゆず酢の順に加え、最後にゆずの皮のすりおろしを加え、ゆず味噌の完成。
3 バターは1枚7gにスライスし、冷凍しておく。
4 野蒜は根と球根の部分の土をていねいに洗い落とす。球根の部分を残したまま、さっと下ゆでし、5cm幅にカットする。
5 カンパーニュは表面をカリッとトーストし、3のバター、1cm幅にスライスした焼きいも2枚、4の野蒜の順に下から重ねる。
6 2のゆず味噌をかけ、刻んだローストアーモンドをトッピングする。

point
- 野蒜の下ゆでは、一度沸かして火を止めてからさっとくぐらせる程度で。ゆですぎると香りが飛んでしまい、食感も悪くなります。

菱六
(ひしろく)
京都・五条

　CODOMOのレシピに欠かせない塩麹は、[田野屋塩二郎]（P86）の塩と、島根[やさか共司農場]の有機乾燥米こうじを使って店で手づくりしています。その米麹の原料となる"種麹"のことを知りたくて紹介してもらったのが、六波羅蜜寺の向かいにあるこちら。日本酒や味噌、醤油などの醸造メーカーは、自らの蔵で米麹や麦麹をつくって原材料として使いますが、種麹は文字通りその麹をつくるための種のこと。日本の国菌である麹菌の胞子を大量に集めたものです。[菱六]は創業から350年以上もの間、種麹一筋で営業してきた老舗です。
　「かつて京都には北野麹座という大きな麹の組合があり、専売権がありました。さらに歴史を遡れば、奈良時代初期の『播磨国風土記』に、お供えの米飯にカビが生え、お酒にしたという記録も」と教えてくれたのは、代表の助野彰彦さん。約1300年も前から存在していた麹という小さな命は、日本の食文化にとってなくてはならないものです。
　種麹には大きく4種類あり、白味噌なら白系、焼酎なら黒系といった具合に、つくる発酵食品によって使う種麹は異なるそう。菱六では麹菌の胞子を原料米で培養しながら大切に保存され続けています。「作り方の基本は300年ほど変わっていませんし、変えようがありません」と助野さんが言うように、麹は昔から普通にあったもの。微生物の命に支えられてきた日本の食文化。ここはその故郷なのかもしれません。

単独または何種類かの麹菌をブレンドして培養し、日本各地にある醸造メーカーの要望に合わせた種麹を製造販売。日本酒業界では種麹のことを「もやし」と呼ぶため、看板の文字にはその名残が。一般にも種麹は販売しているほか、菱六の麹を使った甘酒も販売。●京都市東山区松原通大和大路東入2丁目轆轤町79 ☎075-541-4141

シゼントトモニイキルコト
北海道・今金町

　道南エリア随一の農業の町、今金町で農業を営む曽我井陽充さん。CODOMOには週に一度、曽我井さんの農園で収穫された旬の野菜が届きます。中に何が入っているかは開けてみないと分かりません。トマトやジャガイモなど定番の野菜、見慣れない豆も、まずは食べてみることからはじめます。すべて新鮮そのもので、作物にいろんな虫がついていることもしばしば。それは曽我井さんの畑の環境そのままである証です。

　曽我井さんは農薬を使わないのはもちろん、畑を耕さなければ雑草も抜きません。「耕す代わりに、草の根や虫たちが自然と土の中の水はけや空気の流れを作ってくれます」。つまり、食物主体でその土地のエネルギーを循環させているのです。そんな環境で育った野菜は、野性味にあふれ、甘い、酸っぱい、苦いなど、香りや味が個性的。CODOMOではその個性が最大限に生きるよう調理しています。植物主体の環境で育つ野菜は、ひとつの命として必死で生きようとパワーを蓄え、自らの意思で個性的な味を作り出しているかのよう。ひと口食べれば、その生命力の強さが分かります。

曽我井さんが弟の隆宏さんと自然好きのスタッフたちと共に営む自然栽培の農園。野菜やトマトジュースなどの加工品を扱う通信販売も。約30種類のトマトをはじめ、じゃがいも、なすなどの野菜や米、8種類の豆など幅広く栽培。曽我井さん兄弟は2人とも元プロスノーボーダー。●北海道瀬棚郡今金町字神丘1033　http://www.farming.jp

SOUP
スープ

ソガイさんのガスパチョ

曽我井さん(P36)のプレミアムトマトジュースを使ったスープは、このジュースでなければできない配合。オリーブオイルと新たまねぎでシンプルな味に仕上げました。濃いトマト好きにはたまらない味です。……… **初夏**

材料(2人分)
ソガイ農園のプレミアム
トマトジュース
……… 1と1/2カップ
新たまねぎ ……… 中1/8個(約30g)
オリーブオイル ……… 大さじ1強
塩 ……… 2g
レモン果汁 ……… 適量
ハーブ ……… 適量

作り方

1 レモン果汁以外のすべての材料を合わせてハンドブレンダーでなめらかにする。
2 レモン果汁を入れて味をととのえる。お好みでハーブを添える。

point
● 作ってすぐよりも、2、3日冷蔵庫で寝かせた方が味がなじみ、旨みが増します。

arrangement
● 新たまねぎの代わりに普通のたまねぎを使う場合、辛みが強ければ水にさらしてください。

万次郎かぼちゃのポタージュ

万次郎かぼちゃのしっかりした甘みを生かすため、昆布水をベースにたまねぎと塩、風味付けにバターをプラス。
スモークベーコンの旨みを凝縮した泡状のミルクをのせて、味に深みを出しました。……秋

材料（作りやすい分量）
万次郎かぼちゃ …… 1/3個（約450g）
たまねぎ ……… 中1/4個（約60g）
バター（無塩）……… 30g
昆布水（P12）……… 4と1/4カップ
塩 ……… 適量
燻製ミルク ……… 適量
　牛乳 ……… 1/2カップ
　燻製ベーコン ……… 20g

作り方
1 たまねぎは2〜3mmに薄くスライスする。万次郎かぼちゃは皮をむいて火が通りやすいように、3mmほどに小さめにスライスする。
2 ストウブにバターを溶かし、**1**のたまねぎを炒め、透き通ってきたら万次郎かぼちゃを加えてさらに軽く炒める。
3 **2**に昆布水を加えてアクを取りながら、万次郎かぼちゃが煮崩れるまで弱火で約30分煮る。
4 ハンドブレンダーで**3**をなめらかにして、塩で味をととのえる。
5 燻製ミルクを作る。細かくカットした燻製ベーコンを鍋で軽く炒めて牛乳を加え、ひと煮立ちさせる。
6 火を止めて蓋をし、常温で冷まして香りと旨みを牛乳に移す。冷めたらシノワなどの漉し器で漉して、燻製ミルクの完成。
7 食べる直前に**6**を少し温め直し、ミルクフォーマーで泡立てる。
8 **4**を器に盛り、**7**をのせる。

ノーザンルビーのヴィシソワーズ

ノーザンルビーは調理してもきれいなピンク色が残るじゃがいもです。シャドークイーンより甘く、スープに最適。あえてブイヨンを使わず、昆布水で旨みを、たまねぎで甘みをプラス。塩二郎のイチゴ塩をアクセントに。

材料（作りやすい分量）
ノーザンルビー ……… 3個（約360g）
たまねぎ ……… 中1/2個（約120g）
セロリ ……… 1/4本（約25g）
バター（無塩）……… 20g
昆布水（P12）……… 2カップ
牛乳 ……… 1と3/4カップ
生クリーム（脂肪分42％）
　…… 1と1/4カップ
塩 ……… 小さじ1
白コショウ ……… 適量

作り方
1　ノーザンルビー、たまねぎ、セロリは2〜3mmに薄くスライスする。
2　ストウブにバターを溶かし、**1**のたまねぎとセロリを透きとおるまで炒め、さらにノーザンルビーを入れて炒める。
3　**2**に火が通ったら昆布水を入れ、ほろほろになるまで弱火で煮る。
4　**3**の粗熱が取れたら、ハンドブレンダーで撹拌する。シノワなどの漉し器で漉して冷やす。
5　冷やした**4**に冷たい牛乳と生クリームを加える。
6　塩、白コショウで味をととのえる。お好みで素揚げしたノーザンルビーと塩二郎のイチゴ塩（共に分量外）を添える。

かぶのポタージュ

かぶの甘みが増す寒い時期にのみメニューに登場。かぶの香りを生かすために、昆布水とバターでシンプルに。みずみずしさの中にしっかりとかぶの風味が生きた一品。なめらかな舌触りも特徴です。……… **冬**

材料(2人分)

かぶ ……… 2個(約200g)
バター(無塩) ……… 20g
昆布水(P12) ……… 1カップ
牛乳 ……… 1/2カップ
生クリーム(脂肪分42%) ……… 大さじ1
塩 ……… 適量
グラニュー糖 ……… 適量

作り方

1 かぶは2〜3mmに薄くスライスし、バターを溶かしたストウブでしんなりするまで炒める。
2 1に昆布水を加え、やわらかくなるまで5分ほど弱火で煮る。
3 粗熱を取った2のかぶをハンドブレンダーでなめらかなピューレ状にする。
4 3を再び火にかけて牛乳を加え、塩、グラニュー糖で味をととのえる。
5 仕上げに生クリームを加えて温める。お好みでかぶの葉のピューレ(分量外)を落とす。

point
●最後に温める時、沸騰させてしまうと分離しやすくなり、なめらかさが失われるので注意。

秀明ナチュラルファーム北海道
北海道・せたな町

　CODOMOでも人気の［秀明ナチュラルファーム北海道］の鶴姫豆腐は、消泡剤などの添加物は使用せず、天然のにがりと大豆だけで作られたとてもおいしい豆腐です。力強い生きた素材だけで作られたその豆腐は、味噌汁に入れるだけでコクが増すほど濃厚。そのまま味わってもらいたいので、お店では醤油のムースを添えて冷奴でお出ししています。

　原料である鶴の子大豆は、道南で100年以上作り続けられている固定種。こちらの大豆畑では自家採種を続けており、今の種で10代目。「この畑は最初は硬い土でしたが、大豆と雑草を共生させることで土質が年々良くなっています。雑草や害虫は作物にとって敵ではなく、共に土を再生させようとする協力者なんです。畑に立ち、生き物と向き合うと、食べ物をおいしくしようとする波動を感じます」と、代表の富樫一仁さん。

　実は富樫さんが自然栽培を始めたきっかけは、重度のアトピー性皮膚炎でした。「食べ物で悩む子どもたちの食卓をもっと豊かにしたい」。私たちの未来である子どもたちに対する、そんな富樫さんの思いには、とても共感することができます。

2004年の開業以来、農薬と化学肥料を一切使用しない秀明自然農法に基づいた農業を展開。大豆、米、黒大豆、菜種はすべて自家採種。味噌や米酢などの調味料や納豆、きな粉などの加工品も販売。富樫さんは「やまの会」（P74）のリーダーでもある。●北海道久遠郡せたな町瀬棚区東大里188-31　☎0137-87-3900　http://setana.info/snf/index.html

PASTA
パスタ

フキノトウのグリーンパスタ

ジェノバソースのようにフキノトウをピューレ状にし、下ゆでしたせりと山菜のスイバを入れて和えました。
ほろ苦さと酸味の掛け合わせで味わいに奥深さが出ます。サクッと歯ごたえの良いフリットも絶品です。

材料(2人分)
パスタ ……… 160g
フキノトウのピューレ ……… 120g
フキノトウのフリット ……… 8個
山菜(お好みで) ……… 40g
オリーブオイル ……… 大さじ1と1/2
パルミジャーノレッジャーノ …… 適量

フキノトウのピューレ(作りやすい分量)
- フキノトウ ……… 25個(約150g)
- オリーブオイル ……… 1カップ強
- レモン果汁 ……… 大さじ2強
- 塩麹(P12) ……… 大さじ3弱
- 塩 ……… 小さじ1

フキノトウのフリット(2人分)
- フキノトウ ……… 8個
- 薄力粉 ……… 35g
- コーンスターチ ……… 50g
- ベーキングパウダー ……… 2.5g
- きび糖 ……… 小さじ1/2強
- ビール ……… 1/2カップ弱
- 醤油 ……… 小さじ1弱

作り方

1　山菜を1%の塩(分量外)を入れたお湯でさっとゆでて冷水に取り、水気を絞って食べやすい大きさに切る。

フキノトウのピューレを作る

2　フキノトウは洗って1.5%の塩とひとつまみの重曹(共に分量外)を入れたお湯で10秒ほど下ゆでし、すぐに冷水に取って冷やす。

3　2の水気をしっかり拭き取り、小さく刻む。残りの材料と共になめらかになるまでフードプロセッサーにかけて、ピューレ状にする。

フキノトウのフリットを作る

4　フキノトウは小ぶりな、花が開いていないものを選び、汚れをふきんで拭く。

5　ボウルに薄力粉、コーンスターチ、ベーキングパウダー、きび糖を入れてよく合わせ、ビールと醤油を加えてさっくり混ぜる。

6　4を5の衣にくぐらせ、170℃の油(分量外)できつね色になるまで揚げる。

ソースを準備しパスタをゆでる

7　3のピューレに1の山菜を入れ、600Wの電子レンジで1分加熱する。

8　鍋にたっぷりの湯を沸かし、1%の塩(分量外)を加えて、パスタを袋の表示通りにゆでる。

9　8のパスタと7のピューレを和えて皿に盛り、6のフリットを添える。

10　仕上げにオリーブオイルをかけ、お好みですりおろしたパルミジャーノをふりかける。

ポモドーロ

トマトのおいしさをシンプルに伝えたくて作ったレシピです。主役は曽我井さんのプレミアムトマトジュース。弱火での加熱と塩麹で甘みを増し、引き締め役として柑橘の果汁を加えました。

材料(2人分)
パスタ ……… 160g
レモン果汁 ……… 小さじ4
白コショウ ……… 適量
レモンの皮(千切り) ……… 適量

ポモドーロソース
- ソガイ農園のプレミアム
  トマトジュース ……… 1と1/2カップ
  塩麹オイル(P15) ……… 大さじ6
  自家製セミドライトマト(P67)
  ……… 80g

作り方

1 ポモドーロソースを作る。ソースの材料すべてを冷たいフライパンに入れてから弱火にかける。少しとろみがつき、色がさらに鮮やかになれば完成。
2 鍋にたっぷりの湯を沸かし、1%の塩(分量外)を加えてパスタを硬めにゆでる。
3 フライパンで1を熱し、2のパスタとからめる。火を止めてからレモン果汁を加え、白コショウで味をととのえる。
4 仕上げにレモンの皮を散らす。

point
● 加熱するとトマトの甘みがぐんと上がるので、ソースの完成の目安は甘みで決めてください。

ジェノベーゼ

曽我井さんから夏に届くバジルはいろんな種類が混ざっていて、どれも清涼感があり、香りが強め。
新鮮なうちにジェノバソースにして香りを閉じ込めます。レモンを多めに入れることで、バジルの色がより鮮やかに。

材料(2人分)

パスタ……… 160g
ジェノバソース……… 100g
パルミジャーノレッジャーノ …… 適量

ジェノバソース(作りやすい分量)
- バジル……… 30枚(約65g)
- ゆでこぼしにんにく… 4片
- パルミジャーノ レッジャーノ … 20g
- 松の実……… 30g
- 水……… 大さじ6
- オリーブオイル……… 大さじ6
- レモン果汁……… 大さじ1弱
- 塩……… 小さじ1
- 黒コショウ……… 適量

作り方

1 ジェノバソースを作る。ゆでこぼしにんにく、パルミジャーノは削っておく。松の実はフライパンできつね色になる程度まで乾煎りする。
2 塩、黒コショウ、レモン果汁以外のソースの材料をフードプロセッサーにかける。なめらかになったらレモン果汁を加え、塩、黒コショウで味をととのえてジェノバソースの完成。
3 鍋にたっぷりの湯を沸かし、1%の塩(分量外)を加えてパスタを袋の表示通りゆでる。
4 3が熱いうちに2のジェノバソースと和えて器に盛り付け、お好みで削ったパルミジャーノをかける。

point
● ジェノバソースは空気に触れると変色しやすいので、長期保存の場合は真空状態で冷凍すること。

クレソンのオイルパスタ

自家製塩麹オイルを使ったオイルパスタはCODOMOの定番。できれば野性味ある自生のクレソンを使いたい一品です。雪の中で甘さを増す冬芽と、ほど良い辛みと苦みが魅力の春芽、シンプルなパスタにはどちらも合います。………**春・秋**

材料(2人分)

パスタ ……… 160g
クレソン ……… 160g
塩麹オイル(P13) ……… 80g
鷹の爪 ……… 適量
醤油 ……… 小さじ1/2強

作り方

1 2/3量のクレソンを約3cm幅にカットする。鷹の爪は細かく刻んでおく。
2 フライパンに塩麹オイル、**1**の鷹の爪、クレソンを入れてから弱火にかける。
3 鍋にたっぷりの湯を沸かし、1%の塩(分量外)を加えてパスタを袋の表示通りゆでる。
4 **2**のクレソンがしんなりして塩麹の香りが立ってきたら、**3**のゆで上がったパスタとからめ、火を止めてから醤油を加える。
5 器に盛り付けて、残しておいた1/3量の生のクレソンをふんわり飾る。

point
●**2**の工程で、温めたフライパンに入れてしまうと、素材や調味料の香りが飛んでしまいます。ゆっくり温度を上げていくこと。

ブラウンマッシュルームのミルクパスタ

熟成させたブラウンマッシュルームはたっぷりのバターでソースにして、いったん冷凍。さらに熟成させます。
食べる直前に解凍して牛乳で伸ばすと、芳醇な香りが。仕上げはフレッシュマッシュルームと白コショウで。

材料(2人分)
パスタ……… 160g
熟成させたブラウンマッシュルーム
……… 14個(約140g)
バター(無塩)……… 40g
牛乳……… 4/5カップ
生クリーム(脂肪分42%)
……… 1/2カップ
ブラウンマッシュルーム(生)
……… 4個(約40g)
塩……… 適量
白コショウ……… 適量

作り方
1 熟成させたブラウンマッシュルームをみじん切りにする。
2 フライパンを弱火で熱してバターを溶かし、1を加えてゆっくりと火を加える。しんなりしたら火を止め、バットに移して冷まし、冷凍しておく。
3 フライパンに2と牛乳を加え、牛乳が半量になるまで中火で煮詰める。生クリームを加えてひと煮立ちしたら火を止める。
4 鍋にたっぷりの湯を沸かし、1%の塩(分量外)を加えてパスタを硬めにゆでる。
5 4を3のソースと和えて、塩、白コショウで味をととのえる。
6 器に盛り付け、1mmほどに薄くスライスしたフレッシュのブラウンマッシュルームをふんわりとのせる。最後に白コショウをもう一度回しかける。

point
● ブラウンマッシュルームの熟成の目安は、かさが開いて芳醇な香りが立ってきた頃合い。冷凍することでより旨みが増します。

たび海老のクリームパスタ

たび海老とは、高知では履物の足袋に似ていることからそう呼ばれる、うちわ海老のこと(P61)。
伊勢海老よりも甘いと評判で、CODOMOでは殻まで使って濃厚なジュ(出汁)にしてストックしています。

材料(2人分)
パスタ ……… 160g
たび海老のクリームソース …… 360g
蒸したたび海老(身・味噌)
……… 2尾(約120g)

たび海老のジュ(6人分)
- たび海老(殻も使用) ……… 6尾
- たまねぎ ……… 中1個(約240g)
- にんじん ……… 中2/3本(約65g)
- セロリ ……… 2/3本(約65g)
- ゆでこぼしにんにく ……… 2片
- トマト ……… 2個(約130g)
- ハーブ ……… 適量
- オリーブオイル ……… 大さじ5
- 昆布水(P12) ……… 4カップ
- ブランデー ……… 大さじ3

たび海老のクリームソース(6人分)
- たび海老のジュ(上記) ……… 700g
- ソガイ農園のプレミアム
  トマトジュース ……… 3と1/2カップ
- ゆでこぼしにんにく …… 1片
- バター(無塩) ……… 60g
- 赤ワイン ……… 大さじ3
- ブランデー ……… 小さじ2
- はちみつ ……… 小さじ2
- 生クリーム(脂肪分42%)
  ……… 1カップ
- 牛乳 ……… 1カップ
- 塩 ……… 小さじ1と1/2
- 白コショウ ……… 適量

作り方

たび海老のジュを作る
1. 深手の鍋でたび海老を殻ごと約15分蒸す。
2. たまねぎ、にんじん、セロリはみじん切りにする。
3. 1を縦半分に割り、身と味噌を取り出しておく。
4. 3で外した殻を250℃のオーブンで20分焼く。
5. オリーブオイルの半量をストウブに入れ、ゆでこぼしにんにくを弱火で炒めて、香りを出す。
6. 4の殻を5に加えて炒める。香ばしい香りがしたら、木べらや麺棒などで殻をしっかり潰す。
7. 残りのオリーブオイルと2を加えて炒める。
8. ブランデーを加えた後、昆布水、細かくカットしたトマト、ハーブを加えて、弱火で30分煮る。
9. 8をシノワなどの漉し器で漉す。

たび海老のクリームソースを作る
10. ストウブにバターを熱し、ゆでこぼしにんにくを香りが出るまで弱火で炒める。9のたび海老のジュ、トマトジュースを加えて弱火で30分煮る。
11. 赤ワイン、ブランデー、はちみつ、塩、白コショウを加えて、弱火でさらに10分煮る。
12. 生クリーム、牛乳を加えてひと煮立ちしたら火を止める。

パスタを茹でてソースと和える
13. 鍋にたっぷりの湯を沸かし、1%の塩(分量外)を加えてパスタを硬めにゆでる。
14. フライパンで12のクリームソースを熱し、パスタと和える直前に3のたび海老の身と味噌を合わせる。
15. ゆで上がったパスタを14に入れて、クリームソースとよくからめる。お好みでピンクペッパー(分量外)を散らす。

point
- たび海老のジュで使うハーブは、ディル、タラゴン、フェンネル、パセリなどをお好みで。

arrangement
- たび海老の代わりに、甲殻類なら基本的に何でもこのレシピを応用できます。

によどマッシュルーム生産組合
高知県・仁淀川町

ハウスの中にずらりと並ぶ棚には、ブラウンマッシュルームの丸い頭がギッシリと。その愛らしい見た目だけでなく、芳醇な香りとしなやかな歯ごたえ、そして繊細で深みのある味わいに、ひとくち食べて魅了されました。

栽培されているのは高知県の清流で知られる仁淀川上流域。代表の竹内隆さんは、かつてカナダのマッシュルーム農家で働いた経験があり、「仁淀川町にも何か新しい名産品を」と、町役場を定年後に起業しました。マッシュルームは水が命。日本一の水質に何度も輝いた仁淀川の谷川のおいしい水で育てられているのもそのためです。竹内さんは何よりも鮮度にこだわります。「売り場で常温に置かれてしまうと鮮度が一気に落ちてしまう。本当は全部産直で送りたいほど」。そこで考案されたのが収穫カレンダー。私たちがこれを見て発注すると、新鮮

で最もおいしいタイミングでお店に届きます。「本当のおいしさを伝えてもらうことが何よりうれしい」と竹内さん。

途方もない手間と情熱がかけられたマッシュルーム。おいしさのバトンリレーはきちんとCODOMOで引き継いでいきます。

標高約300mの山の中にある小学校跡地に建てられたハウスで、農薬や化学肥料を使わず生産。「チェルキオ」（イタリア語で丸）と名付けられたマッシュルームは、ドライやピクルスなどの加工品も販売。高知市内や東京のレストランにも出荷している。電話注文のほか、食材の通販サイト[G-Call]で購入可能。●高知県吾川郡仁淀川町大崎356-2　☎0889-35-0229

MAIN DISH

主菜

えびらふじのピッツァ

兵庫県・新温泉町から山菜と一緒に届くえびらふじは、山間の渓流沿いなどに生えるマメ科の野草です。生で食べておいしかったので、スナップえんどうやそら豆と重ねて春らしいピッツァに仕上げました。……… **春**

材料(2〜3人分)
ピッツァ生地 ……… 2枚
うすいえんどうのピューレ ……… 適量
うすいえんどうのクリーム ……… 適量
えびらふじ ……… 適量
そら豆 ……… 4本
スナップえんどう ……… 8本

ピッツァ生地(2枚分)
┌ 強力粉 ……… 200g
│ 薄力粉 ……… 50g
│ 全粒粉 ……… 50g
│ 塩 ……… 6g
│ きび糖 ……… 6g
│ ドライイースト ……… 2.4g
│ オリーブオイル … 50g
│ ぬるま湯 ……… 180mℓ
└ えびらふじ ……… 適量

うすいえんどうのピューレ
(作りやすい分量)
┌ うすいえんどうの豆 ……… 200g
│ 昆布水(P12) ……… 2カップ
└ 塩 ……… 適量

うすいえんどうのクリーム
(作りやすい分量)
┌ うすいえんどうのピューレ
│ ……… 270g
└ サワークリーム ……… 180g

作り方

うすいえんどうのピューレを作る
1　昆布水でうすいえんどうをやわらかくゆで、昆布水の中で自然に冷ます。
2　ハンドブレンダーで**1**をピューレ状にし、塩で味をととのえる。

うすいえんどうのクリームを作る
3　ボウルですべての材料をなめらかになるまで混ぜ合わせる。

ピッツァ生地を作る
4　ボウルに強力粉、薄力粉、全粒粉、塩、きび糖、ドライイーストを入れてよく合わせる。
5　オリーブオイルとぬるま湯を**4**に一度に加えて混ぜ合わせた後、安定した台の上でこねてなめらかな生地にする。
6　**5**に濡れぶきんをかけて常温で約30分発酵させる。
7　**6**を半分に分け、それぞれ丸める。濡れぶきんをかけて20分休ませる。
8　麺棒で**7**を7mmの厚さに丸くのばす。霧吹きで表面を乾かさないようにして、さらに30分発酵させる。
9　**8**にオリーブオイル(分量外)を刷毛で薄く塗る。生のえびらふじを全体に散らし、220℃のオーブンで15分焼く。

具の準備をする
10　そら豆はさやごとグリルし、表面が黒くなるまで焼く。粗熱が取れてから薄皮をむく。
11　スナップえんどうは新鮮なものは生のままで、固い場合はさっと湯通しして、塩麹オイル(P15・分量外)をまぶす。
12　**9**のピッツァ生地に、**3**のクリームを薄くのばし、さらにその上に**2**のピューレを薄くのばす。
13　そら豆、スナップえんどうを全体にちりばめ、仕上げにえびらふじをふんわりと盛り付ける。

point
●えびらふじは新芽のやわらかい部分を使います。豆類の新芽でも代用できます。

土佐あかうしとソガイさんのポテトコロッケ

曽我井さんから届く男爵のおいしさを味わうため、北海道らしく大きめサイズに仕上げました。
土佐あかうしは肉の旨みが強いので少量でも十分です。

材料（4個・2人分）

土佐あかうし（ネック） ……… 70g
じゃがいも（男爵） ……… 3個（約240g）
たまねぎ ……… 中1/4個（約60g）
塩 ……… 適量
黒コショウ ……… 適量
生パン粉 ……… 適量

バッター液
　卵 ……… 1個
　薄力粉 ……… 40g
　水 ……… 適量

作り方

1. あかうしは、手切りで細かくカットする。バッター液の材料は混ぜておく。
2. じゃがいもはよく洗い、皮ごと半分にカットし、2%の塩水（分量外）でゆでる。
3. 熱いうちに2の皮をむき、粉ふきにしてマッシャーなどで粗めに潰す。
4. フライパンで1のあかうしを中火で炒める。塩、黒コショウで味をととのえ、バットに移す。
5. 4のフライパンでたまねぎを炒め、あかうしの旨みを移し、透き通ったら軽く塩をする。
6. 3、4、5を合わせて、1個90gに成型する。バッター液に浸けてから生パン粉を全体にまぶす。
7. 6を170℃の油（分量外）で表面がきつね色になるまで揚げる。

四万十鶏の唐揚げ

高知・四万十川源流の契約農家で平飼いされる四万十鶏を使った、CODOMOの人気メニューです。
もも肉ではなく、脂肪分控えめでほどよく弾力がある胸肉を使い、飽きがこない"家の唐揚げ"を再現しました。

材料(2人分)

鶏胸肉 ……… 1枚(約360g)

唐揚げ用鶏のマリネ液
- 卵 ……… 1個
- 酒 ……… 大さじ2
- 醤油 ……… 大さじ2
- 塩麹(P12) ……… 小さじ2
- ゆでこぼしにんにく ……… 1/2片
- コーンスターチ ……… 適量

作り方

1 鶏肉はひとくち大にカットしておく。
2 唐揚げ用鶏のマリネ液を作る。潰したゆでこぼしにんにくと、卵、酒、醤油、塩麹を混ぜ合わせる。
3 **2**を**1**の鶏肉にもみ込んでマリネにし、約1時間寝かした後、コーンスターチを加えてよく混ぜる。
4 170℃の油(分量外)で**3**がきつね色になるまで揚げる。
5 お好みでカットしたレモン(分量外)を添える。

土佐あかうしのハンバーガー

自家製パテはあえて手切りで歯ごたえを残したミンチにしました。つなぎは使わず、味付けも塩コショウのみ。噛むほどに土佐あかうしの味が堪能できます。具も潔くトマトとレタスだけの、パテが主役のバーガーです。

材料（2人分）

バンズ ……… 大きめ2個
土佐あかうし（ネック）
……… 200g
トマトスライス ……… 2枚
レタス ……… 適量
塩 ……… 1.6g
黒コショウ ……… 適量

作り方

1　あかうしは手切りで細かくカットする。
2　1に塩、黒コショウをし、しっかり粘りが出るまでボウルでよく練る。
3　2を100gずつ丸く成形し、グリルで両面を好みの加減に焼く。
4　バンズは横半分にカットし、トーストしておく。
5　レタスは適当な大きさにちぎる。
6　バンズにレタス、トマトスライス、パテの順にのせて挟む。

土佐あかうしのカレー

土佐あかうしのネックとすじ肉をW使いした定番カレー。ほとんど野菜から出る水分だけで仕上げました。
ひとくち目は野菜の甘みを感じるものの、後からスパイスの辛さが追いかけてきます。

材料(10人分)

- 土佐あかうしすじ肉 …… 400g
- 土佐あかうしネック …… 300g
- たまねぎ …… 中3〜4個(約650g)
- にんじん …… 2本(約300g)
- ソガイ農園のプレミアムトマトジュース …… 4カップ
- すりおろしりんご …… 200g
- ゆでこぼしにんにく …… 10g
- すりおろし生姜 …… 10g
- オリーブオイル …… 大さじ2弱
- スパイス …… 53g
- 昆布水(P12) …… 適量
- きび糖 …… 大さじ1強
- 塩麹(P12) …… 大さじ2
- 塩 …… 大さじ1/2

作り方

1. 鍋にオリーブオイルを熱し、ゆでこぼしにんにくとすりおろし生姜を香りが立つまで弱火で炒める。
2. 粗めのみじん切りにしたたまねぎとにんじんを**1**に加え、じっくり30〜40分炒め、トマトジュースとすりおろしりんごを加える。
3. **2**をストウブに入れて蓋をして、180℃のオーブンで30分煮込む。
4. **3**をハンドブレンダーでなめらかにする。
5. 手切りでミンチにしたあかうしすじ肉とネックをフライパンで強火でこんがり炒め、油ごと**4**のストウブに入れる。
6. **5**を180℃のオーブンで30分煮込む。
7. スパイスを乾煎りし、昆布水でのばしてカレーペーストにする。
8. **7**ときび糖、塩麹、塩を**6**のストウブに入れ、180℃のオーブンで30分煮込む。

point
- お店のスパイスの配合は、10人前の場合、カレー粉40g、ガラムマサラ4g、シナモン3g、クミンホール5g、マジックスパイス1gです。

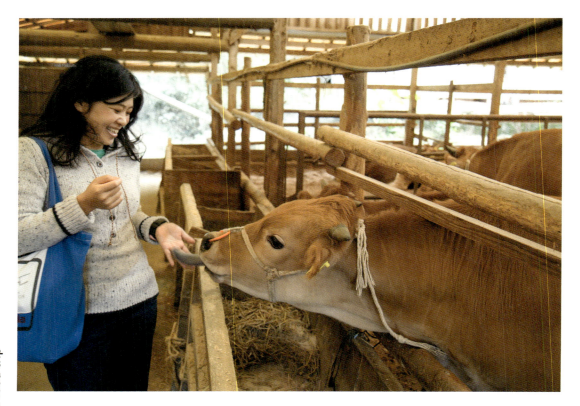

高知の恵み

　海、山、川と雄大な自然に恵まれた高知は、魚介はもちろん、野菜、果物、肉…と食材の宝庫です。3年前に仕事がきっかけで行き来するようになり、すっかり高知が大好きになりました。だからCODOMOでごはんを作ることになり、真っ先に思いついたのも高知の食材。魚は須崎港の[野島鮮魚]からの直送です。ウツボやホウボウといった珍しい魚も、フリットにするなど特徴を生かしたメニューにしています。「たび海老は刺し身か蒸して食べるのが地元では普通ですが、まるごとスープにするとは！」と、野島英明さん。お店でどんなメニューになったかいつも楽しみにしてくれています。

　年間400頭ほどしか出荷されない貴重な土佐あかうしは、赤身の濃厚な旨みと甘みが特徴です。CODOMOではその味わいがダイレクトに感じられるハンバーガーが大人気。生産農家の竹崎稔さんの牧場では、牛が妊娠したら放牧し、出産も山でさせるそう。「その方が牛にとってもストレスがない」と、話します。

　近年県外でも人気が高い土佐ジロー(P60)は、飼育条件が厳しい卵肉兼用の地鶏。認定農家の池上千佳さんの鶏はみかん畑でのびのびと飼育されていて、みかんもエサとして食べるそうです。

　効率主義ではなく、ゆったり大切に育てている農家が多いのも高知らしいところ。南国気質で太陽のようにおおらかな人たちに接するうちに、たくさんのことを学びました。みんなで楽しく食べるということもその一つです。

四季折々新鮮な食材に恵まれた高知県。トマトや生姜といった野菜以外に、土佐文旦、小夏、新高梨など温暖な気候に適した高知ならではの果物の名産も多数。魚なら「かつおの一本釣り」を筆頭に、金目鯛、ゴマサバ、ヒオウギ、四万十川では希少な天然のうなぎも。ブランド肉ではほかに土佐はちきん地鶏や窪川ポークなども話題。

STAUB
ストウブでおもてなし

ローストポーク

たまねぎやにんじんなどの香味野菜に最低3日間漬け込んだ四万十米豚を、野菜と一緒にストウブで蒸し焼きに。焼いた後の香味野菜とジュ（だし）には豚肉の旨みが詰まっているので、香味ソースとしてストックしています。

材料（作りやすい分量）
豚肩ロース ……… 2.5kg
たまねぎ ……… 中2個（約500g）
にんじん ……… 中1本（約150g）
セロリ ……… 1本（約100g）
季節の野菜 ……… 適量
塩 ……… 大さじ2と1/2
ゆでこぼしにんにく ……… 5片
コリアンダーシード ……… 大さじ1
ピンクペッパー ……… 小さじ2と1/2
白コショウ ……… 小さじ1強
ハーブ ……… 適量

作り方

1. たまねぎ、にんじん、セロリは5mm幅にスライスする。
2. 豚肩ロースは塊のまま脂身部分に軽く切れ目を入れ、塩をまんべんなくすり込む。
3. コリアンダーシードとピンクペッパーはすり鉢でよくすり潰して香りを出してから、刻んだハーブと白コショウとともに**2**にすりこむ。
4. **1**、ゆでこぼしにんにく、**3**を密閉容器に入れ、冷蔵庫で3日間マリネする。
5. 焼く2〜3時間前に**4**の豚肉を冷蔵庫から出して常温に戻しておく。
6. ストウブにオリーブオイル（分量外）を入れて**4**のマリネした香味野菜とゆでこぼしにんにくを炒める。
7. フライパンにオリーブオイル（分量外）を入れて熱し、**5**を中火で肉全体に焼き色を付けながら焼いていく。余分な油はペーパーで拭き取る。
8. **6**のストウブに季節の野菜と、**7**の豚肉を脂身を上にして入れて蓋をし、180℃のオーブンで35〜40分焼く。
9. オーブンから取り出し、蓋をしたまま1時間以上寝かす。香味野菜とジュを取り出してからサーブする。

point
- 塩は肉の分量の1.5%を目安に。肉の大きさやオーブンの最初の温度によって、焼き時間は調整すること。

arrangement
- **9**の工程で取り出した香味野菜とジュは、ハンドブレンダーにかけて香味ソースとして活用。肉料理のソースにおすすめです。

イサキのアクアパッツァ

具材は、高知から届く新鮮な魚と季節の野菜だけ。魚の旨みと野菜の甘みを、
昆布水と自家製セミドライトマトがまとめてくれます。ストウブを使うことでしっとりとした仕上がりに。……… **春・夏**

材料（6人分）

イサキ ……… 1尾
たまねぎ ……… 中2個（約480g）
トマト ……… 中3個（約300g）
じゃがいも ……… 中2個（約160g）
季節の野菜 ……… 適量
自家製セミドライトマト
……… 50g（液も入れる）
塩麹オイル（P15）……… 40g
レモンスライス ……… 2枚
昆布水（P12）……… 1/2カップ
オリーブオイル ……… 適量
ハーブ（メリッサ、オレガノ、タイムなど）
……… 適量

自家製セミドライトマト
（作りやすい分量）
- ミニトマト ……… 約20個（約300g）
- 塩麹オイル（P15）……… 適量
- ハーブ ……… 適量
- 柑橘類の皮 ……… 適量

作り方

自家製セミドライトマトを作る

1　ミニトマトはヘタを取り、ヘタの部分に十字に切り込みを入れ、塩麹オイルを全体にからめる。
2　カットしたお好みのハーブと、繊維の部分を取り除いて細かく千切りにした柑橘類の皮を、**1**にからめる。
3　天板に塩麹オイル、**2**を並べて、130℃のオーブンで約2時間焼く。30分ごとに全体を軽く混ぜながら様子を見る。
4　水分がほどよく飛び、セミドライの状態になれば完成。保存は小分けにして冷凍する。

具材を準備する

5　イサキはうろこ、エラ、内蔵を取り除いて水洗いし、水気をしっかり拭き取る。
6　**5**にまんべんなく塩（分量外）をふり、少し時間をおいて、塩麹オイルを魚の表面全体とお腹の中までしっかりと塗る。
7　たまねぎとトマトはくし切りに、じゃがいもはひと口大に切る。
8　**7**のたまねぎをストウブに敷き詰め、**6**のイサキを上にのせる。周りに**7**のじゃがいも、トマト、季節の野菜を重ね、昆布水をまわしかける。
9　**4**のセミドライトマトを入れてオリーブオイルを加え、イサキの上にレモンスライスをのせる。
10　ハーブを適当にちぎってのせて蓋をし、250℃のオーブンで20〜30分焼く。

arrangement
● イサキの代わりに、ホウボウやスズキ、カサゴなどもおすすめ。

アッシュ・パルマンティエ

フランスの家庭料理、アッシュ・パルマンティエは、ひき肉とじゃがいもの重ね焼き。
ひき肉は土佐あかうしと四万十米豚の合い挽きを使用、香味野菜と赤ワインでしっかり煮つめました。

材料(4人分)
ポテトピューレ
- じゃがいも(キタアカリ) ……… 10個(約900g)
- バター(無塩) ……… 150g
- 牛乳 ……… 1と1/2カップ

合い挽きミンチ ……… 200g
たまねぎ ……… 中1個(約240g)
トマト ……… 中2個(約130g)
ゆでこぼしにんにく …… 1/2片
赤ワイン ……… 1/2カップ
ソガイ農園のプレミアム
トマトジュース ……… 1/2カップ

A
- きび糖 ……… 小さじ1
- 醤油 ……… 小さじ2
- 塩麹(P12) ……… 小さじ1
- ナツメグ ……… 適量
- 黒コショウ ……… 適量
- 塩 ……… 適量

パルメザンチーズ ……… 適量
シュレットチーズ ……… 適量

作り方

ポテトピューレを作る

1. じゃがいもは皮をむき、2%の塩水(分量外)で水から少しやわらかめにゆで、粉ふきいもにする。
2. **1**が温かいうちにマッシャーなどで潰し、1cm角に切ったバターを溶かし混ぜる。
3. 温めた牛乳を少しずつ入れ、ハンドブレンダーでなめらかになるまで潰す。

具材を準備する

4. たまねぎはくし切り、トマトはひとくち大に切る。
5. ストウブにオリーブオイル(分量外)をひき、ゆでこぼしにんにくを弱火で香りが出るまで炒める。
6. **5**にたまねぎを入れて弱火で炒め、透き通ってきたらひき肉、トマトの順で加え、全体に火が通ったら赤ワインとトマトジュースを入れて弱火で20分煮込む。
7. Aの調味料を入れてさらに弱火で5分煮込む。
8. 別のストウブにポテトピューレ→**7**のひき肉→ポテトピューレの順で3層に重ねて入れ、2種類のチーズをのせて200℃のオーブンでこんがりきつね色になるまで焼く。

クレソンと猪肉のすき焼き

クレソンとしし肉は兵庫・新温泉町から届きます。2つを組み合わせたらおいしいとすすめてくれたのは地元の人。
昆布水とみりん、醤油、はちみつだけで割り下を作りました。具を入れ過ぎないのもポイント。………**秋～冬**

材料(4人分)
クレソン ……… 約100g
しし肉 ……… 300～400g
岩津ねぎ ……… 1本(約200g)
割り下
┌ 昆布水(P12)
│   ……… 2と1/2カップ
│ みりん ……… 1/2カップ
│ はちみつ ……… 大さじ1強
└ 醤油 ……… 1/2カップ

作り方
1 クレソンは食べやすい大きさにちぎる。しし肉は薄めのスライス、岩津ねぎは食べやすい長さにカットする。割り下の材料は混ぜておく。
2 ストウブでしし肉を中火で炒める。
3 1の割り下を加え、煮立ったらアクを取り、岩津ねぎを入れる。
4 1のクレソンを入れて火を止める。

point
●岩津ねぎは兵庫・但馬の特産。白ねぎと青ねぎの中間で、甘さとやわらかさが特徴。白ねぎで代用できます。

つくしとせりの泡玉

だし巻き卵がふわふわになったような不思議な食感。泡状の優しい卵色や、少し苦みのあるつくしとせりが春を感じさせるおもてなしの一品です。元は「玉子ふわふわ」という江戸時代の料理だそう。………**春**

材料(4人分)

つくし ……… 80g
せり ……… 100g
卵 ……… 3個
めんつゆ(P12) ……… 2カップ

作り方

1 つくしは鞘(はかま)を取り、水洗いをし、胞子を落としておく。せりもきれいに水洗いし、5cm幅にカットする。卵は常温に戻しておく。
2 ストウブにめんつゆ360mlを入れて蓋をし、ふつふつとなるくらいに温めておく。
3 卵をボウルに割り、しっかりほぐした後、めんつゆの残り40mlを加えてハンドミキサーでしっかりときめの細かいふわふわの泡状になるまで立てる。
4 **2**に、**1**のつくしとせり(せりは仕上げ用に少し残しておく)を加える。
5 弱火にし、**3**の泡状の卵を流し入れる。
6 ストウブの中でもこもこと泡状の卵がふくらんだら火を消し、蓋をして5分間蒸らす。
7 仕上げに、残しておいた生のせりの葉を散らす。

point
● ストウブを使って蒸す場合、蓋もしっかり温まっていないと、上手に蒸らすことができません。**2**の工程でめんつゆと一緒に蓋も温めるようにすること。

やまの会
北海道・せたな町

　北海道南西部のせたな町に、放牧による自然循環型の酪農や畜産業を営む生産者がいます。日本海が見える42haもの広大な山で酪農業を営む[村上牧場]の村上健吾さん。全国でも珍しい黒豚の放牧をする養豚の[ファーム・ブレッスド・ウィンド]の福永拡史さん。そしてトマトなどの有機野菜を羊に与え、その堆肥で野菜を育てる畜産農家の[よしもりまきば]の大口義盛さん。共通しているのが「化学肥料不使用」、そして「動物にストレスを与えない飼育」ということ。「元気で健康に育ってほしい」という母のような思いが反映されているのか、放牧牛のミルクで作るチーズも、黒豚のベーコンも、"トマトひつじ"の肉も、人を引きつける真っ直ぐなおいしさです。

　彼らは"自然界との共存"をコンセプトに「やまの会」という若手農業者グループとしても活動、イベントなどでライフスタイルや食への関心を深め、発信しています。生き物から生き物へと命をつなぐことの大切さと、おいしさとは何か、という食の原点を考える大きなヒントがここにはあります。

[シゼントトモニイキルコト](P36)、[秀明ナチュラルファーム北海道](P42)を合わせた5戸の生産者で2009年に結成。それぞれの食材を使い、知り合いのシェフが腕をふるう「やまの会レストラン」やマルシェ出店、講演など不定期で活動。村上牧場(☎0137-87-2009)／ファーム・ブレッスド・ウィンド(☎0137-87-2422)／よしもりまきば(☎0137-84-4188)

DESSERT
デザート

キタノカオリT110のドーナツ

CODOMOの新作ドーナツ。ほどよい弾力と小麦の香りがしっかり残るよう配合をいろいろ試しました。小麦は北海道で作られるオーガニックのキタノカオリT110を使用。シンプルなトッピングで小麦の風味を楽しんで。

材料（10個分）
小麦粉（キタノカオリ） ……… 300g
ドライイースト ……… 4g
きび糖 ……… 30g
塩 ……… 6g
卵黄 ……… 3個分
牛乳 ……… 200g
バター（無塩） ……… 60g
グラニュー糖 ……… 適量

ハニーグレイズ
粉糖 ……… 100g
はちみつ ……… 50g
水 ……… 5g

作り方
1 ボウルに小麦粉、ドライイースト、きび糖、塩を入れてよく合わせておく。
2 牛乳は30℃に温めておく。
3 **1**のボウルに**2**、卵黄を加えて混ぜる。
4 安定した台に**3**の生地を出してこねる。生地にしっかり弾力が出てきたらバターを加えてさらに練りこみ、なめらかになるまでよくこねる。
5 ボウルに移し、濡れぶきんをかけて約1時間発酵させる。
6 生地を60gずつに分割して丸める。濡れぶきんをかけて20分休める。
7 ドーナツ状に成形する。霧吹きで表面を乾かないようにして、さらに約30分発酵させる。
8 180℃の油（分量外）できつね色になるまで揚げる。
9 粗熱が取れたら、ドーナツの半量にグラニュー糖をまぶす。
10 ハニーグレイズの材料を混ぜ、残りのドーナツの片面に付ける。

point
● ドライイーストはドイツ・アグラーノ社製の100%オーガニックのパン用酵母を使用。ピッツァにも同じイーストを使っています。

arrangement
● きなこ、シナモンなどシンプルなトッピングがおすすめ。

女王蜂 響のはちみつロールケーキ

兵庫・新温泉町から届く、国産でもさらに希少な女王蜜蜂のはちみつは、とろけるような芳醇な香りが特徴。生地は沖縄の本和香糖で甘さを控えつつもコクを出し、生クリームにも女王蜜蜂のはちみつを使っています。

材料（1本分）

A
- 卵白……4個分
- 本和香糖……60g

B
- 卵黄……6個分
- 本和香糖……30g

薄力粉……50g
生クリーム（脂肪分42%）……40g

女王蜜蜂のはちみつクリーム
- 生クリーム（脂肪分42%）……200g
- 女王蜂 響のはちみつ……40g

作り方

スポンジ生地を作る

1. オーブンを予熱180℃に設定する。Aを入れたボウルごと冷蔵庫で冷やしておく。
2. 別のボウルにBを入れ、ハンドミキサーで白くもったりしてくるまで泡立てる。
3. 冷蔵庫で冷やしておいた1のボウルを取り出してハンドミキサーで泡立て、メレンゲを作る。
4. 2に3のメレンゲを加え、しっかりと混ぜ合わせる。
5. 薄力粉をふるいながら一度に加え、つやが出るまでゴムベラでしっかり混ぜ合わせる。
6. 約60℃で湯せんした生クリームを5に加え、よく混ぜる。
7. 天板に30cm×30cmのクッキングシートを敷き、5の生地を流し入れ、175℃のオーブンで13分焼く。

はちみつクリームを作り、生地を巻く

8. ハンドミキサーで8分立てした生クリームに少しずつはちみつを加え、ゴムベラでしっかり混ぜ合わせる。
9. 7の生地が冷めたら、クッキングシートをはがし、8のはちみつクリームを平らに塗り、手前からひと巻きする。

point
- はちみつの分量はお好みで調整してください。

河野先輩の小麦のパンケーキ

高知の河野先輩(P88)の小麦は粒子が大きい全粒粉で、粉自体の甘みが強いので、甘さは本和香糖を少しだけ。
食べるときにバターとはちみつで風味付けを。冷めても味がしまっておいしいです。

材料(2人分)

全粒粉 ……… 200g
ベーキングパウダー ……… 10g
塩 ……… 2g
サワークリーム ……… 120g
卵 ……… 4個
本和香糖 ……… 80g
牛乳 ……… 140g
バター(無塩) ……… 適量
はちみつ ……… 適量

作り方

1 全粒粉、ベーキングパウダー、塩をボウルに入れてよく混ぜ合わせておく。
2 別のボウルにサワークリーム、卵、本和香糖、牛乳の順番で、泡立て器で合わせながら混ぜていく。
3 1に2を2回に分けて加え、混ぜ合わせる。
4 3のボウルに濡れぶきんをかけて、生地を30分寝かせる。
5 熱したフライパンに薄く米油(分量外)をひき、弱火でゆっくりと両面をほど良く焼く。お好みでバターやはちみつをかける。

point
●弱火でじっくり火を入れることでしっとりした食感に仕上がります。

ソガイさんの小豆と黒米のぜんざい

曽我井さんの小豆はやわらかめにゆでて、砂糖の代わりに、黒米でつくった甘麹でやさしい甘みをつけました。
味をしめるために、塩二郎の塩を少しだけ。甘麹はそのままお湯で割ると甘酒になります。………冬

材料(4〜6人分)

小豆 ……… 200g
餅 ……… 人数分
水 ……… 2ℓ
黒米の甘麹 ……… 500g
グラニュー糖 ……… 70g
塩 ……… 適量

黒米の甘麹(作りやすい分量)

- 黒米 ……… 500g
- 水 ……… 1.5ℓ
- 乾燥麹 ……… 500g
- お湯(60℃) ……… 150mℓ

作り方

1. 黒米の甘麹を作る。ストウブに黒米、水(分量外)を入れておかゆを作り、ハンドブレンダーでなめらかな状態にする。
2. **1**の温度を70℃に下げ、乾燥麹と60℃のお湯を加えてかき混ぜる。保温ジャーに移し、12時間、55〜60℃に保つ。黒米の甘麹の完成。
3. 小豆は水洗いしてざるに上げておく。
4. 水1ℓで小豆を炊く。途中30分、45分、60分、90分ごとに250mℓずつ、差し水をする。
5. やわらかく小豆が炊けたら、**2**の黒米の甘麹とグラニュー糖を加え、器によそう。グラニュー糖の量はお好みで調整を。
6. 餅を焼いて、**5**に添える。仕上げにほんの少しだけ塩を加える。

塩二郎の塩キャラメルのミルクアイスクリーム

ジャージーミルクのフレッシュなアイスクリームに、塩二郎の塩キャラメルで塩味と香ばしさをプラス。
きれいなマーブル状になるように軽く混ぜて仕上げました。

材料（作りやすい分量）
A
- ジャージー牛乳 …… 300㎖
- 生クリーム（脂肪分42%）… 200㎖
- 水あめ …… 150g
- グラニュー糖 …… 60g

塩二郎の塩キャラメル …… 49g

塩二郎の塩キャラメル（作りやすい分量）
- グラニュー糖 …… 100g
- 生クリーム（脂肪分42%）
  …… 100㎖
- 牛乳 …… 50㎖
- 塩二郎の塩 …… 8g

作り方
1. 塩二郎の塩キャラメルを作る。鍋にグラニュー糖を4回ぐらいに分けて混ぜながら弱火で溶かしていく。焦げる手前の琥珀色になるまで溶かす。
2. 別の鍋で生クリームと牛乳を入れて沸かせたら、1の鍋に少量ずつ入れて混ぜ合わせる。
3. 常温で冷まし、粗熱が取れたら塩二郎の塩を加えてよく混ぜる。塩キャラメルの完成。
4. Aの材料を鍋に入れて65℃まで熱し、冷ましてからアイスクリームメーカーに20分かける。
5. 4に3の塩キャラメルをマーブル状になるよう軽く混ぜ合わせる。

point
- アイスクリーム100gに対して塩キャラメル7gが、塩味が立ちすぎず、ミルクの味を壊さない絶妙な黄金比率です。

河野先輩の生姜を使ったジンジャーエール

11月頃、高知の河野先輩から土が付いたままの状態で届く新生姜は、すぐにシロップにして保存します。するとご覧のピンク色に。普通の生姜ではこの色は出ません。子どもでもおいしく飲めるマイルドな味です。………秋

材料(2人分)

ジンジャーシロップ ……… 120mℓ
炭酸水 ……… 360mℓ

ジンジャーシロップ(作りやすい分量)
- 新生姜 ……… 500g
- 水 ……… 400mℓ
- 氷砂糖 ……… 700g
- レモン果汁 ……… 150mℓ

作り方

1 ジンジャーシロップを作る。新生姜はよく洗い、適当な大きさに切ってフードプロセッサーにかける。
2 1を鍋に入れて水と氷砂糖を加え、弱火で蓋をして約35分煮る。
3 最後にレモン果汁を入れて、ひと煮立ちさせる。
4 シノワなどの漉し器などで漉して、水気をしっかり絞る。
5 氷(分量外)を入れたグラスに、4と冷えた炭酸水を入れて、飲む時に軽く混ぜる。

point
●新生姜の絞りかすはガラとして料理などに活用できます。

酵素シロップ5種

酵素シロップは季節によっていろいろ作ります。左から、梅、山ぶどう、小夏、柚子、キウイ。
発酵の速度は果物によってさまざま。CODOMOでは水や炭酸で割ったジュースとしてお出ししています。

材料(作りやすい分量)

梅シロップ
- 梅 ……… 1kg
- 氷砂糖 ……… 1kg

山ぶどうシロップ
- 山ぶどう ……… 1kg
- はちみつ ……… 400g

小夏シロップ
- 小夏 ……… 1kg
- グラニュー糖 ……… 1kg

柚子シロップ
- 柚子 ……… 1kg
- グラニュー糖 ……… 1kg

キウイシロップ
- キウイ ……… 1kg
- はちみつ ……… 400g

作り方
1 果物は、梅と山ぶどうはそのまま、小夏と柚子は適当な大きさに切り、キウイは皮をむく。
2 それぞれ大きめの保存瓶に果物と糖類を交互に重ねて入れていく。
3 毎日清潔な手で1〜2回かき混ぜる。
4 糖類が溶けて、瓶を開ける時にプシュッとガスの音がしたら、発酵が進んでいる合図。
5 仕込んでから10日〜2週間ぐらいで甘酸っぱいいい匂いがしたらできあがり。発酵が完了したら、シノワなどの漉し器で漉す。
6 柑橘類の絞りカスは、種を取り除いてフードプロセッサーにかけ、酵素シロップのガラ(P12)として活用する。

point
● 果物は無農薬で国産の旬なものを使用すること。春〜秋が作りやすく、冬は発酵に時間がかかることも。保存は冷蔵庫で約1カ月。

arrangement
● 梅シロップはたまねぎとポン酢と合わせてステーキソースに、キウイシロップはそのままアイスクリームマシンを使ってソルベに。さまざまな料理やお菓子に使えます。

田野屋塩二郎
高知県・田野町

　CODOMOで最もこだわったのは塩です。料理によって数種類使い分けますが、自然な味を引き出すために欠かせない塩があります。その作り手は田野屋塩二郎さん。日本に7、8人しかいないといわれる「完全天日塩」を作る塩職人です。

　太平洋に面した高知・田野町にある"結晶ハウス"と呼ばれるビニールハウスが仕事場ですが、海に隣接された大きな櫓やそのスケールには圧倒されます。中にずらりと並ぶ木箱には「＋20酸、0.2、クリア」など何やら暗号のような紙が貼られて

います。これは、味、結晶の大きさ、色のメモで、塩二郎さんはそれぞれ種類が違う塩を作り分けています。全く火を入れず、太陽の光と潮風のみで仕上げる天日塩。その作り分けの決め手となるのが、素手による触り方です。ハウス内が50℃を超える暑い夏でも必ず1時間毎に混ぜ、寒い冬は塩ができるまで半年近くかかるという休みのない重労働です。「毎日触っていると、水温と感触で塩の状態が分かるんです」。実は塩の重みで変形してしまっ

た指も。できあがりのタイミングを見極めるのもまた手。「塩をよく女性に例えるのですが、おいしい時期は人間でいう18歳ぐらい。少しエグみが残る若い味。大切に育てた娘だから気に入った所にしか嫁に出しませんよ」。指が曲がるほど手塩にかけた手作りの塩には、その塩にしか出せない味があります。本当に大切にしていきたい日本の誇りだと思います。

35歳で東京からIターンで高知へ。黒潮町で約3年修業の後、2009年に田野町で独立。師匠から教わったノウハウを基に"塩二郎流"にどんどん進化、今は約300種類もの塩を自在に作り分ける。県外のホテルや料亭の取り引きも多いが、必ず直接シェフに会ってから決めるというこだわり。通販での予約販売ほか、田野町の道の駅でも販売。天日塩づくりができる体験施設も。

河野先輩
高知県・四万十町

　「河野先輩」と皆から慕われる河野一慶さんは、高知県の四万十町で生姜をはじめ、米や小麦、柑橘類を無農薬で栽培しています。暮らしの一部であるサーフィンを通じて自然界の厳しさや季節のサイクルを知り、自給自足の生活を数年前から始めました。そこで違和感を感じたのが農薬や化学肥料。「体に有害だと分かっているものは使えません。鶏糞など動物性の肥料も使いません。人間の体臭や汗が食生活と関係するように、植物も何を吸って育ったかで味も変わります」。
　自然本来のサイクルや生き物同士としての食物との関わり方は、河野先輩から学びました。河野先輩が作る作物はどれもとてもおいしいのですが、特に生姜は格別。生姜王国・高知でもいちばんだと感じています。元となる種生姜は、土作りから始めて、何年もかけて大切に作ったもの。それを今も繋ぎ、毎年5月に植えて11月に収穫しています。新生姜以外は山の中にある天然の貯蔵庫でゆっくりと保管し、ひね生姜として出荷。そんなサイクルをすべて1人でこなしてきました。「一対一で自然と向き合うのはサーフィンも同じ。自然に逆らわない農業の形が自分に合っていたんだと思います」と、大らかに語る河野先輩には、自然の力がみなぎっているようです。

　四万十町は高知一の生姜の名産地。河野先輩はその自然豊かな山で無肥料・無農薬の農業を実践。取材日はまさに11月、生姜を収穫して、貯蔵庫に保管し終えたところでした。やや小ぶりで淡い乳白色の生姜は、今までで食べたなかでもいちばんおいしいと思います。CODOMOでは生姜のほか、ドーナツやパンケーキに使われている小麦も河野先輩のものを使用。

ジョンさんと考える
ニホンの食卓、コドモの未来

仁淀川の上流・椿山で見つけた豊かな暮らし

　清流で知られる高知県・仁淀川の上流に位置する仁淀川町。高知市内から車で2時間以上、本当にこの先に家があるの？　と不安になる細い山道を登った標高600mを超える急斜面に、椿山という小さな集落があります。30軒ほど残る民家で現在も生活しているのは2軒のみ。その1人がジョン・ムーアさんです。

　アイルランドで生まれたジョンさんは、さまざまな職業を経験しながら、世界各国の農業や植物を見てきました。ハーブを種から生育していたお祖母さまや、これまでの仕事の影響もあり、やがて自らオーガニックを信条としたライフスタイルを選択するようになりました。小学生の娘さんと2人で椿山に移り住んで来たのは3年前。40年近く空き家で家財道具がほぼそのままだった家屋を、1年がかりで自分たちで住めるように片付け

ました。毎朝5時に起きて山を散歩し、自ら育てた作物を収穫し、ごはんを作って、食べる。ある意味時代を逆行したような、素朴な田舎の生活です。「ここは800年前に見つけられた歴史ある場所。40年前までは住人もたくさんいて、周りはすべて畑だった。椿山はこんな山の中なのに太陽が降り注ぎ、気候も良いでしょ。岩が多い地質だけど、穀物が元気に育つ素晴らしい土もある。ここで生活していた人たちは、自分で収穫した穀物の種を大切につなぎ、豊かな生活をしていたんだ」。そう、ジョンさんが椿山に暮らすことになった大きな理由のひとつは、住民が大切に守ってきた"種"にありました。

大根、かぶ、じゃがいも、ねぎ。どれも椿山で何百年と受け継がれてきた種で作ったものです。高知で"チャーテ"と呼ばれる隼人瓜は、炒めものにするとおいしい。椿山は壇ノ浦の戦いで敗れた安徳天皇の潜幸地だったという伝説も。

土地の在来種を守ること＝
食文化を育み、伝えること

　CODOMOで使う食材を探しながらいろんな生産者を訪ねるなかで、私たちは現代農業のシステムと種の問題を目の当たりにしていました。野菜の種の多くは、品種改良された一代限りの"F1種子"です。知らない間に利便性と利益の追求だけで操作された種なんて安全なわけがない……と違和感を感じ始めていたころに出会ったのが、ジョンさんでした。
　何百年と種子を取り、作り続けられた野菜は、その土地の風土に適した強さから、農薬や肥料がなくても育ちます。ジョンさんは2012年に「SEEDS OF LIFE」を起ち上げ、このような在来種や固定種を守りながら、次世代に本物の野菜の種を残す活動をしています。そんなジョンさんにとって、秘境と呼ばれる椿山は昔からの種がそのまま残る、在来種の聖地だった

のかもしれません。「椿山にはどの家にも種を保管するための鍵付きの小さな倉庫があるんだ。種は守るべき存在。まさに生活の糧だったんだね」。

　ジョンさんと一緒に椿山の集落を散策すると、いろんな種に出合いました。小豆、山芋、きび、かぼちゃ…。ジョンさんから店に送られてくる野菜や果物は、味も食感も独特です。とうもろこしが歯が折れるほど硬くてびっくりしたことも。そしてどれも生命力が強いのです。それは椿山の土地のエネルギーそのものだということは、訪れてみて分かりました。

　CODOMOでは新しい取り組みとして、この椿山でジョンさんと一緒に小麦を作ることになりました。今回の訪問の半年前に蒔いたその種は、土と太陽のエネルギーを吸収しながらすくすくと育っていました。種を蒔き、育てて、収穫し、料理して食べるまでの一環した流れは、かつては当たり前だった食文化です。それをCODOMOの料理を通じて、未来の子どもたちに伝えることが、私たちの使命だと思っています。

John Moore／ジョン・ムーア
英国シェフィールド大学教育学部を卒業後、教師、広告代理店の(株)電通、アウトドアウエアのパタゴニア日本支社長、(株)コスモ・コミュニケーションズでの要職を経て、高知県に一般社団法人SEEDS OF LIFEを創設。2015年より淡路島に新たにアトリエを開設。在来種を育む活動を全国でおこなっている。

Share Food, Share Life
After searching I found my Mountain home in Niyodogawa, Kochi Ken

Ive grown food since 4 years old with my grandmother. Ive grown food in Japan for 30 years searching to find the perfect soil for Japanese ancient genshi chikai food seed dna. I found it in the Kochi mountains. I also found my Mountain home. Real water, seeds, light and food. Our village has always handmade clothes, furniture, houses, and food. Growing their own future with their own hands. The kids learned daily from their parents and grandparents everyday life actions and annual matsuriis. They knew how to live like a leaf together with the Mountain to enjoy seasonal local food flavors and fermented delicacies. But that life culture is now almost wiped away by 60 years of chemical industrial farming and manmade F1 seeds.

Real wealth was next years seeds. Mountain grown, preserving the real Dna food future of Japan and its 800 years culture. Think like a mountain to grow tomorrow for our kids.

Eat local, eat real, eat zairaishu. We only have about 5 years left before all the genshi chikai Japanese daizu seeds disappear forever. Today only 1% survive. This 1% is replaced by F1 seeds everyday. Each of us should become a seed librarian to care for our kids future food.

食べる物を分かちあうこと、それは人生を分かちあうことなんだ
ずっと探していた場所を、高知県仁淀川の村で見つけた

　私は4歳の時から、祖母と自分たちが食べる物を育ててきた。日本では30年間、日本古来のDNAを持つ種を育てるにふさわしい、完璧な土を求め探してきた。そして、ついに高知の山の中にそんな場所を見つけたんだ。自分の住む場所もね。

　ほんものの水、ほんものの種、光、そして食べ物。僕らの村では、服も家具も家も、食べ物もいつも自分たちで作ってきた。自分の未来は、誰でもない自分たちの手で作ってきたのだ。

　子どもたちは毎日、両親や祖父母から、毎日の生活について学び、1年の祭事を教わってきた。四季折々の旬の食を楽しみ、山と共に自然の一員として生きてきたのだ。

　しかし、そんな文化も、60年間にわたる化学肥料をつかった農業や、人工的なF1種によって、消え去ろうとしている。

　本当の財産とは、これからの種たちなのだ。日本古来のDNAを持った食べ物の未来と800年の文化を、山が維持し育んでいく。私たちの子どもたちのために、山のように明日を育てていくことを考えよう。

　その土地のものを食べよう、本物のものを食べよう、在来種を食べよう。あと約5年ですべての日本大豆の古来からの種はなくなってしまう。今や、1%しか残っていない。この1%は日々F1種に取って代わられている。

　未来の私たちの子どもたちのために、私たち一人一人が種の保存家になっていかなければいけないのだ。

John Moore

Snow fell all that night
Warmer than the icy winds
Thankfully
They each looked
to the bowl of rice
The last bowl

It had been long and hard
The winter
Not yet finished
Yesterday
They did not eat
The day before
was dregs of okayu

They each looked
And shared a slow smile
As rice steamed
They sat closer
Smiled deeper
To the child
In her belly

They shared one bowl
Using one pair of hashi
Surely,
there had never been
such delicious rice
each mouthful
was another heaven
They each looked,
into the empty bowl
bright with nothing
and both smiled
and slept warmly

each dreaming of grandfathers
seed rice
waiting spring
safely
upstairs
in the old stone jars

一晩中、雪が降り続いた、
吹雪ほどは寒くないけれど。
感謝しながら、米の一椀を見た。
これが最後の一椀だ。

この冬は長く厳しかった、
まだ終わってはいないけれど。
昨日は何も食べなかった。
一昨日は、お粥の残りをすすった。

おたがいを見つめ、ゆっくりと微笑む。
米が炊き上がる間、よりそって座る。
お腹の子どもへの心からの
微笑みを浮かべて。

一組の箸を使って、一椀を分け合う。
本当に、これほどおいしいご飯を
食べたことはない、
一口ごとに天国にいるようだった。
空っぽのお椀を覗き込む。
ピカピカに空っぽのお椀。
そして微笑みあって、暖かく眠りにおちる。

2階の古い石の瓶に
春まで大切にしまってある
先祖たちから受け継いだ籾米のことを
夢見ながら。

photo by Takuya Ishikawa

FLORESTA FARMER'S KITCHEN CODOMO

友達同士や家族はもちろん、三世代で楽しめる豊富なメニューのファミリーレストラン。夕方までオーダーできる平日のランチは、前菜3品＋主菜1品の本日のプレートランチ980円やこどもプレート680円など。週末は、前菜からデザートまで楽しめる限定のディナーコースが人気。フロレスタのドーナツもテイクアウトできます。価格にいずれも税込み。全52席。
大阪府堺市堺区南向陽町2-3-26
tel. 072-225-0088
http://codomo-kitchen.org

池尻彩子 (Saiko Ikejiri)

神戸生まれのパティシエール。CODOMOシェフ兼フロレスタ開発顧問。神戸の洋菓子店［ダニエル］にて修業後、お菓子教室のアシスタント講師などを経て、2010年に芦屋にてアトリエ「亡空」をたちあげる。大阪・本町のクッキングスタジオ［シェリプロ］講師や、高知・福岡の洋菓子店のプロデュースもおこなう。既存の調理法にとらわれず、自然の中で育まれた素材そのものの味わいを大切にした「ネイチャーフード」のメニューをCODOMOで実践している。
http://amasora.com

フロレスタ ファーマーズキッチン CODOMOの
ネイチャーごはん

2015年5月15日　初版発行

著者	池尻彩子
取材	天見真里子
写真	内藤貞保
デザイン	ツムラグラフィーク
企画協力	常深大輔
編集人	村瀬彩子
発行人	今出 央
発行	株式会社 京阪神エルマガジン社
	〒550-8575　大阪市西区江戸堀1-10-8
	編集　tel. 06-6446-7716
	販売　tel. 06-6446-7718
	http://www.Lmagazine.jp

印刷・製本　図書印刷株式会社

© Saiko Ikejiri 2015, Printed in Japan
ISBN978-4-87435-470-4　C0077
乱丁・落丁本はお取り替えいたします。
本書記事・写真の無断転載・複製を禁じます。